日経文庫
NIKKEI BUNKO

ロジスティクス4.0
物流の創造的革新

小野塚征志

日本経済新聞出版社

はじめに

今、物流の世界は、危機的な状況にあります。

国内最大手の宅配事業者であるヤマト運輸は、過重労働問題の発生以降、消費増税時を除いて27年ぶりとなる値上げを行うとともに、荷受量を抑制する総量規制を開始しました。業界第2位の佐川急便、同第3位の日本郵便もこの動きに追随した結果、宅配便の送料はわずか1年の間に10％以上も上昇したのです。

実は、値上げをしたのは宅配事業者だけではありません。物流量の増加に対応するため、大手物流会社は軒並み値上げを実行しました。働き方改革への対応や給与水準の引き上げも図られています。しかし、それでもなお人手不足は解消されていません。

既に足元では、荷物を運びたくても、運んでくれる物流会社を見つけられない状況が生じています。物流コストの上昇により利益を確保することが難しくなった事業者も少なくありません。「物流クライシス」は、物流の世界に閉じた話ではないのです。運べていたモノが届かなくなるとすれば、日本経済は機能不全に陥るでしょう。

では、物流業界に人的リソースがより多く投入されるようになればよいのでしょうか。確かに、給与や労働環境がよくなれば、物流業界の就業人口を増やせるかもしれません。さりながら、生産年齢人口が減少し続けている日本で、人的リソースの増加に頼るというのは明らかにリスクです。物流コストのさらなる上昇も想定しなければなりません。人手を増やさずに、物流を拡大できるようにならなければ、根本的な解決を図れないのです。

本書にて紹介する「ロジスティクス4・0」とは、物流の世界において現下進みつつある新たなイノベーションです。IoT、AI、ロボティクスといった次世代テクノロジーの進化と、活用の拡大は、ロジスティクスの根幹を変えようとしています。「省人化」と「標準化」による「物流の装置産業化」が起きつつあるのです。

「ロジスティクス4・0」の本質は「脱労働集約」にあります。人的リソースに依存しないビジネスモデルに変わろうとしているのです。その非連続な変化の先にある未来をいち早く創造できれば、次なるＧＡＦＡとなることも可能でしょう。ＧＡＦＡを構成する、グーグル（Google）、アップル（Apple）、フェイスブック（Facebook）、アマゾン（Amazon）の４社は、ＩＴの進化を見据えたビジネスモデルを先んじて構築し、現在の支配的地位を得ることに成功しました。ロジスティクスの世界でも、かつてのＩＴの進化に匹敵する変化が生じようとしているのです。

自動運転トラックの実証実験は世界各地で実施されています。ロボットやドローンを目にする機会も増えました。荷主と物流リソースをマッチングするビジネスも大きく成長しようとしています。「脱労働集約」の実現は、遠い未来の出来事ではないのです。「ロジスティクス４・０」は、物流会社にとって、今までのビジネスモデルに対する「破壊的脅威」であると同時に、今までにはない飛躍的成長の実現に向けた「創造的革新」の契機ともなるはずです。物流ビジネスへの参入を企図する荷主やメーカーからすれば、またとない好機といえるでしょう。

本書には、ロジスティクスでの新たなビジネスの創造に向けたアイデアがたくさんつまっています。革新的な事例や勝ち残りの方向性、荷主やメーカーにとっての事業機会、将来展望を書き記しています。

本書が、ロジスティクスの未来に向けた一歩を踏み出す1つのきっかけになれば幸甚です。

2019年3月

小野塚　征志

ロジスティクス4・0——物流の創造的革新　目次

第3章　物流の装置産業化

第4章 物流会社の勝ち残りの方向性

第6章 未来のロジスティクス

［COLUMN］

序章　ロジスティクスにおける革新の変遷

「ロジスティクス」（Logistics）という言葉は、元々は「兵站《へいたん》」を指す軍事用語でした。すなわち、軍事活動を展開するために必要な人員、兵器、装備、食糧などを管理し、必要な場所に補給・輸送する機能を意味していたわけです。そして、古代から現代に至るまで、軍事活動におけるロジスティクスの重要性はいささかも変わりがありません。

19世紀後半になって、この軍事活動に欠かすことのできないロジスティクスという言葉が経済活動でも用いられるようになりました。ロジスティクスにおける第1の革新である「輸送の機械化」が経済活動に大きなインパクトをもたらした結果といえます。

ロジスティクス1・0――輸送の機械化

古来、大量・長距離輸送の要は、船舶に委ねられてきました。馬やラクダを利用した陸上輸送では、より多くのモノをスピーディに運ぶことが難しかったからです。だからこそ、広大な大陸を制した歴代の統治者は、運河の整備に力を尽くしてきました。経済活動を活発に

図表 0-1　ロジスティクスにおけるイノベーションの変遷

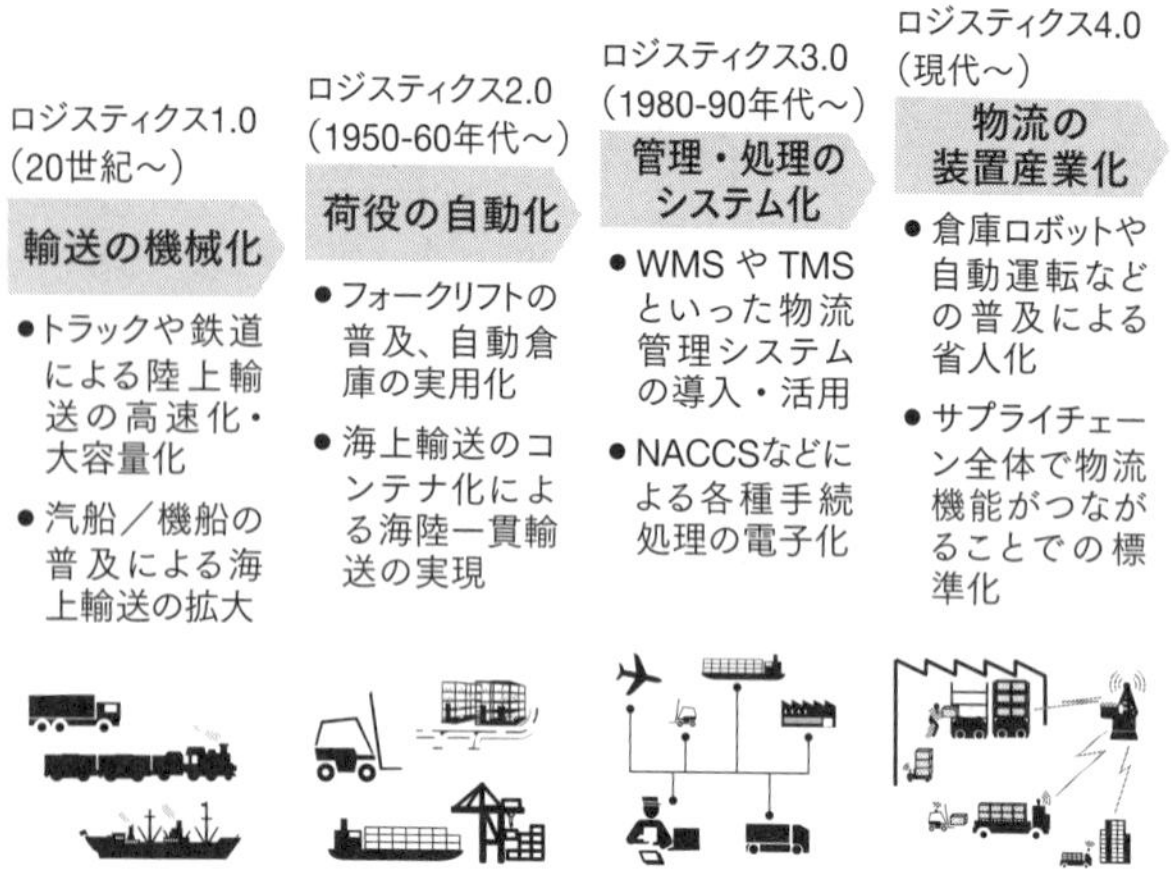
ロジスティクス1.0
（20世紀～）
輸送の機械化
●トラックや鉄道による陸上輸送の高速化・大容量化
●汽船／機船の普及による海上輸送の拡大
ロジスティクス2.0
（1950-60年代～）
荷役の自動化
●フォークリフトの普及、自動倉庫の実用化
●海上輸送のコンテナ化による海陸一貫輸送の実現
ロジスティクス3.0
（1980-90年代～）
管理・処理のシステム化
●WMS や TMS といった物流管理システムの導入・活用
●NACCSなどによる各種手続処理の電子化
ロジスティクス4.0
（現代～）
物流の装置産業化
●倉庫ロボットや自動運転などの普及による省人化
●サプライチェーン全体で物流機能がつながることでの標準化

するための大動脈だったからです。

19世紀に入って、この「船舶依存」の状況に大きな変化がやってきます。鉄道の出現です。リチャード・トレビシック（Richard Trevithick）によって発明された蒸気機関車は、陸上での輸送力を飛躍的に高めることに成功しました。欧米の先進国を中心に競って鉄道網の整備が進められた結果、わずか100年で線路の総延長が100万キロメートルを超えるまでに至りました。内陸輸送の基盤は、運河から線路に一大転換を果たしたわけです。

蒸気機関の実用化は、船舶の運用にも変化をもたらしました。帆船と違って、天候に左右されない蒸気船の出現は、海上輸送の定時性を格段に高めました。鉄道や蒸気船を使用することで、大量の物資を遠隔地まで正確かつ効率的に運べるようになったのです。その動力源がディーゼルエンジンや電気モーターに変わった現代においても、鉄道と船舶は大量輸送の基幹であり続けています。

「輸送の機械化」を構成するもう1つの重要な変化は、トラックの出現です。当初は蒸気式だったトラックも、20世紀に入ってからは内燃式のエンジンにシフトし、軍需から民需へと広く普及していきました。街からは馬車が姿を消し、数多《あまた》のトラック運送会社が産声を上げました。ロジスティクスにおける20世紀とは、大量輸送時代の幕開けであったといえます。

ロジスティクス2・0——荷役の自動化

1950年代に入ると、第2の革新が始まります。「荷役の自動化」です。

「輸送の機械化」によって、荷物を一度に大量に運べるようになったものの、積み込んだり、降ろしたりする作業は全て人手に頼っていました。今では想像できないほど多くの人員と時間を要していたわけです。経済成長を実現するためには、「経済の血脈」とも呼ばれるロジスティクスの増強を必要としますが、荷役作業はそのボトルネックになっていました。

第二次世界大戦中、まさに「兵站」を支える荷役車両として活用されたフォークリフトは、戦後、荷役資材であるパレットとともに、物流の現場に普及していきました。フォークリフトを使えば、人間には持ち上げられない大きくて重い荷物を小回りよく動かすことができます。トラックの荷台や倉庫の保管棚に載せることも簡単です。クレーンのように、荷物とフックを固定する必要もありません。

パレットの利用は、荷役作業の効率性を高めるだけではなく、「荷物を保管・輸送するときの大きさ」を規格化することにもつながりました。パレット単位で荷物を管理することが一般化したからです。地域・業界ごととはいえ、パレット自体の大きさにも標準規格が適用されるようになり、資材を共用することでの物流効率の向上も進みました。

1960年代に普及した海上コンテナも荷役作業の効率化に大きなインパクトを与えました。それまでは、貨物船に積み込む荷物の形状が規格化されておらず、熟練の作業員の指示のもと、様々な大きさの木箱をうまく組み合わせながら積み上げていく必要がありました。岸壁に置かれた木箱をクレーンで吊し上げてから船内に積み込むまで、その全てが属人的な作業であり、危険な工程も少なくありませんでした。パレットに載せることができるくらいの大きさの木箱を1つずつ積み込んでいくわけです。雨が降れば作業を中断しなければならないこともあり、一万トンの荷物を積み込むのに、10日程度を要することも珍しくありませんでした。当時の貨物船は、この積み込み作業に多くの時間を要するため、港湾内に停泊している時間の方が海上で航行している時間よりも長かったといわれています。

大型の海上コンテナは、長さが40フィート（約12・2メートル）、幅が8フィート（約2・4メートル）、高さが9フィート6インチ（約2・9メートル）と、かつての木箱が何十個も入るほどの大きさを有します。その形状はISO規格となっており、レゴブロックのように積み上げられます。クレーンの操作には熟達の経験が必要とされるものの、木箱を組み合わせるような工夫はいらなくなりました。港には、海上コンテナを吊り上げられる巨大なガントリークレーンが整備され、雨天であっても、夜間であっても作業可能となりました。海上コンテナであれば、数時間で一万トンの荷物を積み込むことができます。積み込みに要する時間は10分の1に、必要な人員数は5分の1に減少しました。

加えて、海上コンテナを利用すれば、出発地で荷物を積み込んでから到着地に届けられるまで、コンテナ単位での輸送となるため、トレーラーからコンテナ船への積み替えも簡便となります。欧米諸国のように、海上コンテナと鉄道コンテナが共通化している地域であれば、コンテナ船と鉄道、トレーラーを組み合わせての海陸一貫輸送も可能です。盗難や紛失のリスクも大幅に減少しました。

1960年代後半には、自動倉庫が実用化しました。マテハン機器（荷役や運搬などの作業を自動化する機械・システム）を組み合わせることで、入出荷や保管といった倉庫内の荷役作業を自動化する仕組みです。汎用性の低さや導入費用の高さは、普及に向けてのハードルとなりましたが、工場隣接の出荷センターを中心に活用が広がりました。

ロジスティクス3・0——管理・処理のシステム化

1970年代に入ると、第3の革新である「管理・処理のシステム化」の萌芽が見え始めます。「荷役の自動化」までは、物流の実作業そのものを対象としたイノベーションであり、荷物や機械の管理・処理に関する業務は人手に頼ったままでした。極端にいえば、全ては書類と台帳で管理・処理されていたのです。一部の大企業を中心とした基幹業務のシステム化は、この状況に変化をもたらすこととなりました。

WMS（Warehouse Management System／倉庫管理システム）は、倉庫内の在庫の数量を管理するためのシステムとして導入されました。在庫管理台帳の代わりだったわけです。物流会社からすれば、荷主に対して「保管料や入出荷料を請求するためのシステム」といえます。現在では、在庫の数量だけではなく、入荷から格納、ピッキング、検品、梱包までの作業の状況や荷物のロケーションまでもトータルで管理するシステムとして広く活用されるようになっています。

対して、同時期に導入が進んだＴＭＳ（Transportation Management System／輸配送管理システム）は、トラックの配車状況を管理するシステムです。トラックの台数や配車先のみならず、輸配送した荷物の数量と輸配送先の情報を記録できます。ＷＭＳを「保管料や入出荷料を請求するためのシステム」と捉えるなら、ＴＭＳは「輸配送料を請求するためのシステム」といえます。現在では、ＷＭＳと同様、機能の拡張が進んでおり、配車計画の作成や運行状況の管理、実車率・積載率の算出などにも対応しています。

ＷＭＳやＴＭＳの利用が一般化し始めるのは１９８０年代以降です。オフィスコンピュータの普及やシステムのパッケージ化により導入コストが低下したからです。とはいえ、システム化への感度は企業間・業界間での差も大きく、現在でも台帳での管理が基本となっている事業所が少なからず存在します。ＷＭＳやＴＭＳに関してもクラウド化は大きなテーマとなっていますが、オンプレミス（自社内設備での情報システムの運用）からの置き換えだけではなく、潜在市場を掘り起こす余地もありそうです。

「管理・処理のシステム化」は、企業内の管理・処理業務のみを対象とするものではありません。国際間の輸送における各種手続処理の電子化が進んだのもこの時代です。

日本においては、1978年にNACCS（Nippon Automated Cargo and Port Consolidated System／輸出入・港湾関連情報処理システム）の稼働が開始されました。NACCSとは、通関や関税の納付などを効率的に処理することを目的に構築された、行政機関、輸出入業者、物流会社、海運・航空会社、通関業者、金融機関などを相互につなぐ情報処理システムです。開始当初は、成田空港を介して輸入される航空貨物のみを対象としていましたが、1985年からは輸出貨物も取り扱えるようになりました。対象地域も拡大しており、成田、羽田、関西、福岡、新千歳、中部といった主要空港はカバーされています。1991年からは海上貨物の取り扱いを開始しており、現在では税関における輸出入手続の約99％がNACCSによって処理されています。

NACCSは、機能拡充も進んでおり、検疫所や防疫所に対する動植物の検疫手続、港長や入国管理に対する入出港手続、厚生労働省に対する食品衛生手続なども申請・処理できるようになりました。日本における電子的行政手続の草分け的存在であり、輸出入・港湾関連手続のワンストップ化を成し遂げつつあるといえます。

ロジスティクス4・0――物流の装置産業化

そして、「管理・処理のシステム化」の先にある、現下進みつつある第4の革新こそ、「ロジスティクス4・0」です。IoT、AI、ロボティクスといった次世代テクノロジーの進化と、活用の拡大は、ロジスティクスの根幹を変えようとしています。「省人化」と「標準化」による「物流の装置産業化」が起きつつあるのです（図表0－2）。

「省人化」とは、ロジスティクスの各領域において「人の操作や判断」を必要とするプロセスが大きく減少することを指します。例えば、自動運転が実用化すれば、ドライバーがいなくても荷物を届けられるようになります。小口の宅配物はドローンで運ばれるようになるかもしれません。ロボットの性能が向上すれば、倉庫の中で荷物を棚から取り出したり、梱包したりする作業は、「人の仕事」ではなくなるはずです。つまるところ、物流オペレーションの主体が人から機械やシステムに置き換わるわけです。その機械やシステムを購入しさえすれば、誰でも同じことができるようになる。「人や会社によるオペレーションの差」は限りなく小さくなっていくはずです。

「標準化」とは、ロジスティクスに関する様々な機能・情報がつながることで、物流会社や輸送ルート、手段などをより柔軟に組み替えられるようになることを指します。例えば、ト

図表 0-2　ロジスティクス 4.0 による物流の装置産業化

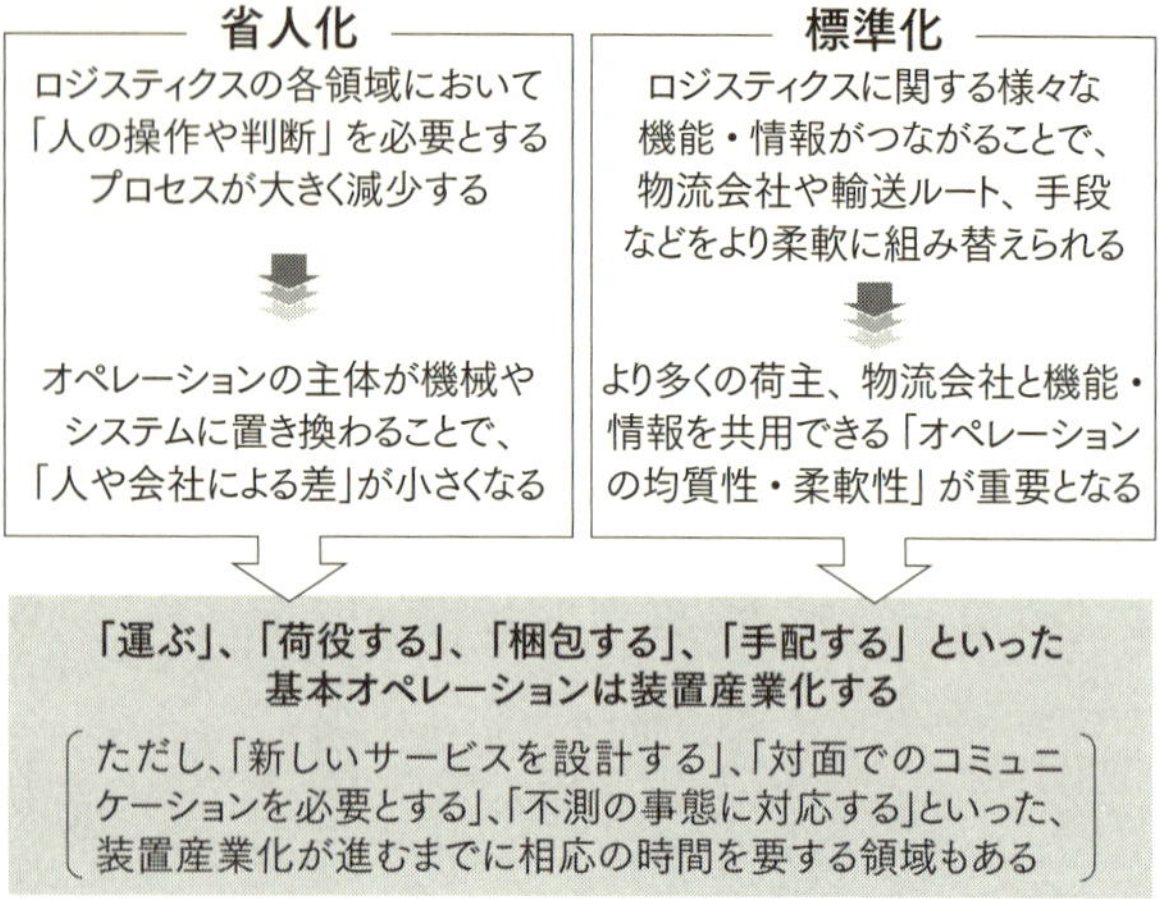
省人化
ロジスティクスの各領域において「人の操作や判断」を必要とするプロセスが大きく減少する
オペレーションの主体が機械やシステムに置き換わることで、「人や会社による差」が小さくなる
標準化
ロジスティクスに関する様々な機能・情報がつながることで、物流会社や輸送ルート、手段などをより柔軟に組み替えられる
より多くの荷主、物流会社と機能・情報を共用できる「オペレーションの均質性・柔軟性」が重要となる
「運ぶ」、「荷役する」、「梱包する」、「手配する」といった基本オペレーションは装置産業化する
ただし、「新しいサービスを設計する」、「対面でのコミュニケーションを必要とする」、「不測の事態に対応する」といった、装置産業化が進むまでに相応の時間を要する領域もある

ラックや倉庫を複数の荷主が共用することもはるかに容易となります。サプライチェーンの上流から下流までの情報がつながれば、在庫や機会損失を極限まで減らせるはずです。多様な選択肢の中から最適なルート、輸送手段を選び出す役割はＡＩが担うようになるでしょう。物流会社としては、この機能・情報のネットワークにつながっていることが重要となります。つながっていなければ、選ばれなくなるからです。より多くの荷主、物流会社と機能・情報を共有できる「オペレーションの均質性・柔軟性」が問われるようになるはずです。

「省人化」と「標準化」が進むと、物流は装置産業化していきます。「新しいサービスを設計する」、「対面でのコミュニケーションを必要とする」、「不測の事態に対応する」といった、人の英知や存在が重要であり続ける領域もありますが、「運ぶ」、「荷役する」、「梱包する」、「手配する」といった基本オペレーションは、「人の介在をほとんど必要としないインフラ的機能」となるからです。

「ロジスティクス3・0」までは、特定の作業、プロ

COLUMN

ロジスティクス 4.0 はインダストリー4.0 とどう関係しているのか？

「〜4.0」というと、「インダストリー4.0」の方が有名でしょう。2011 年にドイツにて提唱された第四次産業革命「インダストリー4.0」の本質は、IoT を活用した産業全体での革新にあります。すなわち、第三次産業革命までは基本的に工場内部での革新であったのに対して、社会全体での最適化を促す取り組みといえます。

ゆえに、調達・生産から販売までのモノの動きを支えるロジスティクスの進化は、「インダストリー4.0」を実現するために不可欠な存在と位置づけられています。DHL やドイチェ・バーン（Deutsche Bahn）といった、ドイツを本拠とする世界的な物流会社が「ロジスティクス 4.0」に向けた取り組みを戦略的に進めているのは、「インダストリー4.0」の実現を主導するドイツ政府の産業政策と無関係ではないでしょう。

「インダストリー4.0」が製造業だけではなく、販売から消費までも含めた最適化にその概念を拡大する中で、ロジスティクスの役割はますます高まっています。

セスを対象とした機械化であり、自動化であり、システム化でした。結果として、物流がより便利な存在となり、その機能が増強されることで、経済成長にも貢献してきたといえます。しかし、結局のところ「動かすのは人」であり、物流は労働集約的なビジネスであり続けました。

「ロジスティクス4・0」も、物流をより便利にするイノベーションであることに相違ありませんが、装置産業化が進むということは、従来の労働集約的なビジネスでは立ち行かなくなることを意味します。今ある物流会社のビジネスモデルでは、「ロジスティクス4・0時代」は生き残れないかもしれない。物流の世界において過去にはなかった「破壊と創造によ る非連続な成長」が現実化しつつあるのです。「ロジスティクス4・0」の本質と展望を的確に理解し、パラダイムシフトをビジネスチャンスと捉えて、新たな成長の絵姿を創造することが枢要といえるでしょう。

第1章

省人化による革新

自動運転トラック、ドローン、倉庫ロボットといった未来のテクノロジーが広く普及したとき、物流の世界から「人手に頼った作業」はなくなります。「倉庫から荷物を取り出す」、「トラックや船で運ぶ」、「家まで届ける」といった実作業だけではなく、「納品先の販売の状況に応じて商品を出荷する」、「需要予測をもとに在庫の配置や数量をコントロールする」、「道路の交通状況に応じて配送ルートを組み替える」といった管理業務でさえも機械やシステムが代行してくれるようになります。いつかは、ロジスティクスの完全なるオートメーション化が実現するわけです。

当然ながら、今すぐにその世界が到来するわけではありません。省人化の範囲が徐々に拡大していくと考えるべきです。人が必要ではない状況を最終ゴールとするのなら、その手前には、「必要な人員数が減る」、「誰でもできるようになる」、「ハードな仕事がなくなる」といった過渡期の進化があります（図表1－1）。その中長期での変化を見据えつつ、必要十分な投資を戦略的・計画的に実行していくことが重要といえるでしょう。

図表 1-1　ロジスティクス 4.0 による省人化

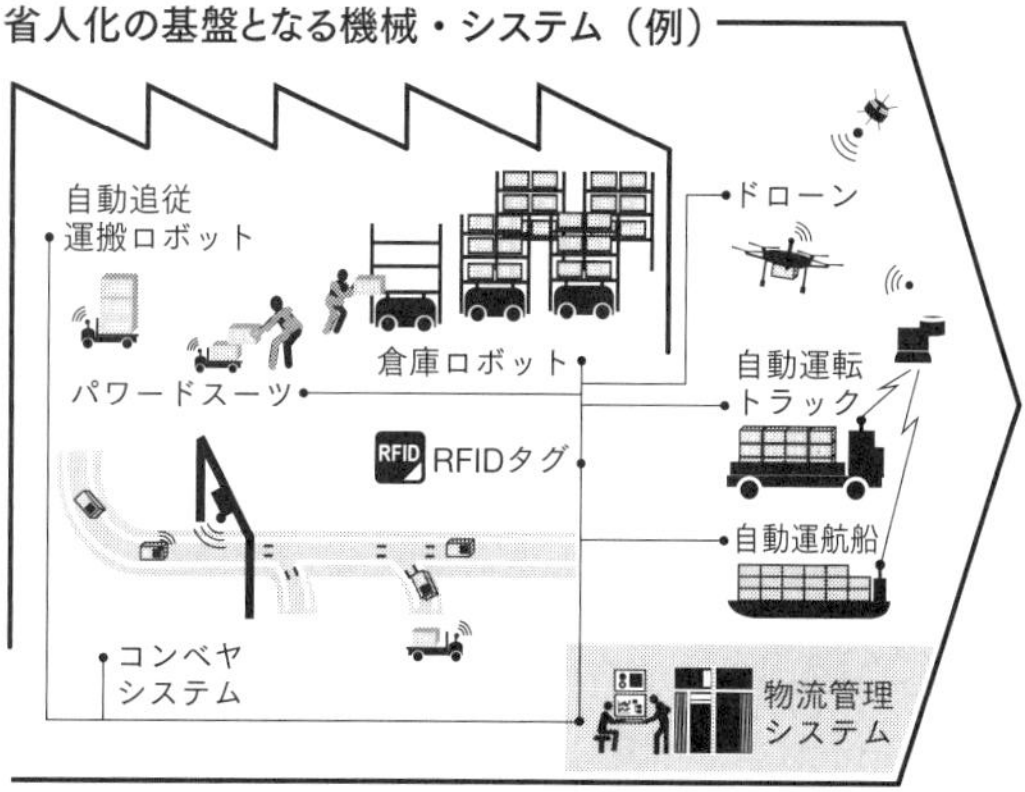

ⓐ 必要な人員数が減る

- 今まで人が担ってきた役割を代替する
- 結果として必要人員数が少なくなる

ⓑ 誰でもできるようになる

- 経験・技能・体力などを補う
- 結果としてより安価な労働力を使えるようになる

ⓒ ハードな仕事がなくなる

- 力仕事や長時間労働を必要としなくなる
- 結果として採用が容易になる

1　輸送の省人化

自動運転トラックの実用性

ロジスティクス4・0による省人化によって、最も大きな変革がもたらされる物流プロセスはトラック輸送です。国内の貨物輸送に占めるトラックの分担率はトンベースで90％超、トン数に輸送距離を乗じてその仕事量を表したトンキロベースでも50％を超えます（図表1－2）。そして、人件費が高い日本では、トラック輸送に要する運送費の50％近くをドライバーの人件費が占めます。つまり、自動運転の実現は、物流のコスト構造に多大なインパクトをもたらすわけです。

世界最大のトラックメーカーであるダイムラー（Daimler）は、2025年までの実用化を目標に、自動運転トラックの開発に取り組んでいます。2015年に公開された自動運転トラック〝フレイトライナー・インスピレーション（Freightliner Inspiration）〟は、交通量の多い高速道路を時速80キロで自動走行できます。既に欧州と米国の公道で試験走行を開始しており、その模様はメディアにも公開されています。

図表1-2　国内輸送機関別分担率（2017年度）

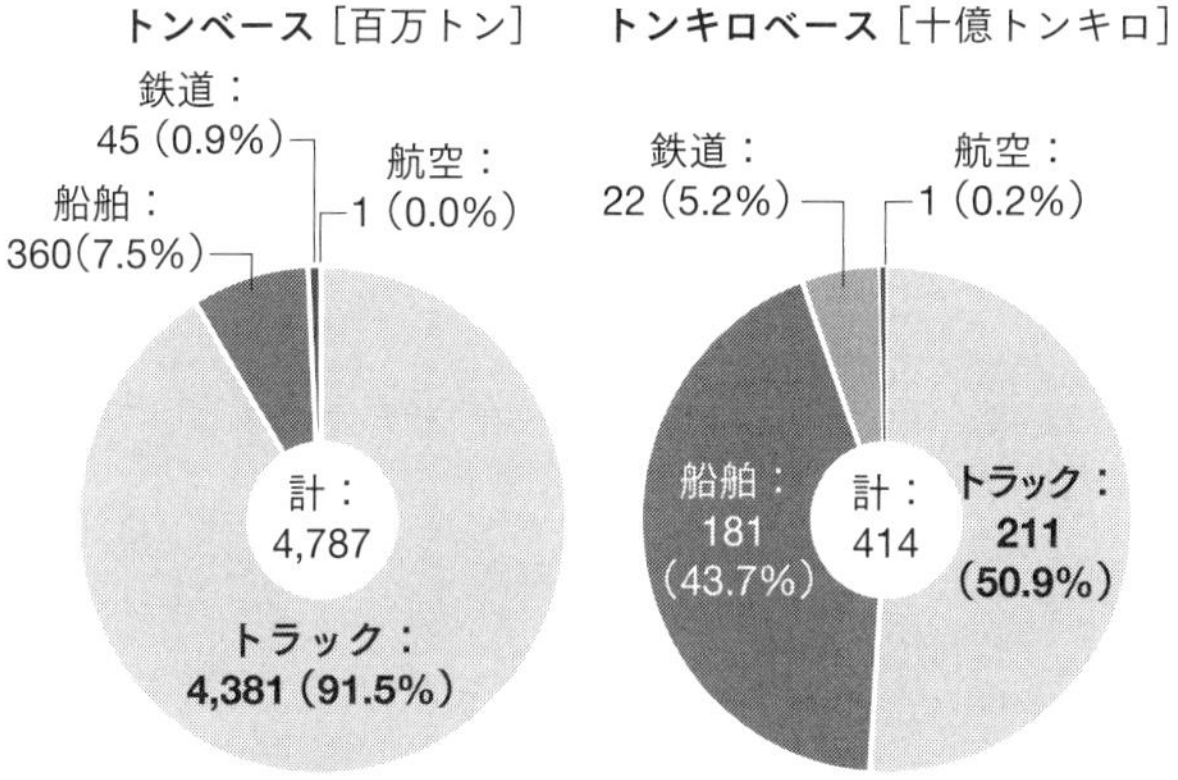

［出所］　国土交通省「自動車輸送統計調査」「内航船舶輸送統計調査」「鉄道輸送統計調査」「航空輸送統計調査」

自動運転トラックの実用化に向けた取り組みは、ダイムラーだけではなく、ボルボ（Volvo）やスカニア（Scania）、日系の日野自動車やいすゞ自動車も力を入れています。現在では、商用車メーカーのみならず、テスラ（Tesla）やウェイモ（Waymo）といったテック系のメーカーも自動運転トラックの試験走行を開始するに至りました。

自動運転というと、乗用車をイメージする人が多いのではないでしょうか。自動運転が実現すれば、無人のタクシーが普及し、いつでも手軽に利用できるようになる。映画やアニメが描く未来予想図に、必ずといっていいほど登場するシーンです。

確かに、自動運転技術の活用は乗用車の方が先行しています。トラックよりも生産台数が多く、自動運転技術の研究開発投資を回収しやすいからです。トラックは、乗用車よりも相対的に重く、荷物の積載状況に応じてブレーキングやハンドリングを変える必要があるため、実用化への技術的なハードルも高いといえます。

他方、経済的・社会的価値を考えると、トラックの自動運転化が先行するとの考えもあります。日本をはじめとする先進国では、自動運転の「最初の現場」となるであろう高速道路を走行する長距離トラックのドライバー不足が社会問題化しつつあるからです。無人の自動運転トラックであれば、乗用車のように、乗り心地が問われるようなこともありません。規制緩和の実現が大前提ではあるものの、経済合理的に正しい選択であれば、自動運転トラックは一気に普及するはずです。

もちろん、一足飛びに「ドライバーの不要化」を実現できるわけではありません。ダイムラーのフレイトライナー・インスピレーションも、路面表示の不備や天候の不順などによりドライバーの運転が必要となることも前提とした、高速道路での部分的な自動運転の実現が当面の目標です。完全な自動運転を実現するためには、技術的な問題だけではなく、法律や自動車保険制度の見直しも必要になるでしょう。

しかしながら、高速道路での部分的な自動運転であっても、物流のコスト構造に相応のインパクトを与えることは間違いありません。長距離トラックのドライバーを「長時間運転」という重労働から解放できるからです。走行中に寝ることも、会社から指示を受けることも、副業をすることも可能になります。特定の区間、「ただトラックに乗っているだけ」のアルバイト的なドライバーが増えるかもしれません。結果として、トラックドライバーの人件費は確実に下がるはずです。

隊列走行の実現も、物流コストの低減と、ドライバー不足の解消に寄与するはずです。日本では、２０１８年1月よりＣＡＣＣ（Cooperative Adaptive Cruise Control／協調型車間距離維持支援システム）を活用したトラック隊列走行の実証実験が開始されました。今は後続有人隊列走行ですが、２０２０年からは後続無人隊列走行にシフトし、２０２２年には事業化を実現するという目標が掲げられています。

先頭車両はドライバーが運転し、電子的に連結された2台目以降の車両は自動走行システムを使って無人走行するという仕組みです。予定通りに計画が進めば、２０２２年には東名高速道路で隊列を組んで無人走行するトラックを目にできるようになるはずです。出発地から東京インターチェンジまでトラックを運転し、そこから小牧インターチェンジまでは無人隊列走行で他のドライバーに運行してもらう。自分は、逆に小牧インターチェンジから無人隊列走行されてきたトラックに乗り込んで、目的地まで運転するという新しい働き方も出現するはずです。東京インターチェンジや小牧インターチェンジには、無人隊列走行されてきたトラックを待つドライバーのための待機所が整備され、トラックとドライバーをマッチングする新しいビジネスも出現すると予想されます。

欧米でも隊列走行の事業化に向けた新しい取り組みが進んでいます。ただ、最初から後続無人隊列走行を目指そうとする日本と違って、高速道路を走行中に先頭車両と追尾車両をマッチングさせ、追尾車両のドライバーは運転をしなくて済むようになるという仕組みが想定されています。無人にはならないため、人件費の削減効果は限定的ですが、車間距離が短くなることで空気抵抗を低減し、燃費を5％程度改善することが期待されています。

ドローンの活用

人手不足は、長距離トラックのドライバーだけではありません。EC（Electronic Commerce／電子商取引）の急速な成長によって取扱荷物が大幅に増加した宅配業界では、人手不足に起因した長時間労働が社会問題になっています。特に、末端の物流拠点からエンドユーザーの家まで届けるラストワンマイルの配送では、次世代のイノベーションを活用した省人化の実現が焦眉の課題となっています。実用化が進みつつあるドローンの活用は、その解決策の1つになるかもしれません。

アマゾンは、顧客が注文した商品を30分以内に届けることを目標に、ドローン配送システム〝アマゾン・プライム・エア（Amazon Prime Air）〟の実用化に向けたテスト飛行を各国で実施しています。その模様は公開されており、ドローンの軽やかな動きを動画で見ることができます。

世界最大の物流会社であるＤＨＬは、ドローンを離島や山岳地帯への輸送手段として活用することを計画しています。２０１３年に公開されたＤＨＬ開発のドローン〝パーセルコプター（Parcelcopter）〟は、約45分間の連続飛行が可能です。２０１４年に北海沿岸のユイスト島へのテスト飛行を実施し、医薬品や医療機器を届けました。２０１６年には、新たにＶＴＯＬ（垂直離着陸）タイプの〝パーセルコプター３・０（Parcelcopter 3.0）〟が公開されました。初代のパーセルコプターは、ドローンというと一般的にイメージされる4つのローターを機体周囲に配したクアッドコプターであるのに対して、パーセルコプター３・０は

ＶＴＯＬタイプですので、固定翼を備えており、より重い荷物を、よりスピーディに輸送することができます。こちらは標高１２００メートルの高山地帯で、計１３０回の配送テストが行われました。ＤＨＬも実証実験の模様を公開しており、ウェブサイトで動画を見ることができます。

ドローンの活用は、ラストワンマイルだけに限られるものではありません。構内輸送や設備検査のツールとして活用している企業もあります。例えば、大手プラントエンジニアリング会社の千代田化工建設は、ドローンを活用した資材管理に取り組んでいます。大型のプラント建設では、広大な敷地に置かれた百万点以上の資材を管理するために３００人以上の人員を投入していますが、全ての資材にＲＦＩＤタグ（Radio-frequency Identification Tag／近距離の無線通信を利用してデータを非接触で読み書きできるタグ）を取り付けて、自律飛行するドローンでチェックするようにすれば、その人員数を大幅に削減できます。ドローンを定期的に飛行させれば、盗難や紛失も低減できます。ドローンとＲＦＩＤタグの調達・取付に追加の費用を必要としますが、それを大きく上回る人件費の削減効果を見込めるわけです。人海戦術で対応していた工程ほど、新たな技術を導入する効果が大きくなるという典型例といえるでしょう。

世界最大の小売チェーンであるウォルマート（Walmart）も在庫管理にドローンを活用しています。同社の中核をなす物流センター（入荷・保管・仕分・梱包・出荷などの機能を有した物流施設）は、百万平方メートルを超える広さを有しており、フォークリフトを利用しなければ取り出すことのできない高さの棚にも商品が置かれています。そのため、全ての棚の在庫商品をマニュアルで棚卸するためには、作業員2人がかりで1ヶ月を要しました。高所での作業も必要となるため、事故の危険とも隣り合わせでした。ドローンであれば、その作業を1時間で終わらせることができます。1秒間に30枚もの写真を撮影するカメラを取り付けられたドローンが物流センター内を自律飛行し、所定の場所にない商品、あるいは、データと実数量にギャップがある商品を見つけて、通知してくれるのです。当然、作業員が高い場所に上る必要もなくなります。

ウォルマートは、店舗でのドローンの活用も検討しています。店舗の敷地内にいる顧客に、購入したい商品をドローンで届けるというサービスです。こちらはまだ構想段階ですが、将来、ウォルマートの店舗でドローンが飛んでいる姿を見かけるようになるかもしれません。

自走式配達ロボットの実用化

ラストワンマイルの配送については、自走式配達ロボットの活用も具体化しつつあります。欧州のロボットベンチャーであるスターシップ・テクノロジーズ（Starship Technologies）は、2014年に創業したばかりのスタートアップですが、自社の自走式配達ロボット〝スターシップ・ロボット（Starship Robot）〟を活用した試験配達を世界20ヶ国、100以上の都市で実施しました。自走式配達ロボットの実用化に最も近づいている企業といえるでしょう。

スターシップ・ロボットの構造はとてもシンプルです。丸みを帯びた箱形の車体に6つの車輪がついています。大きさは、全長約70センチ、幅約55センチ、高さ約55センチと、少し大きめのダンボール箱と同じくらいです。最高速度は時速6キロと、人間の歩行速度よりも少し早いくらいで、基本的には歩道を走行します。車体には、カメラ、センサー、制御システム、通信機器、バッテリーなどが内蔵されており、人間や車が近づけば止まったり避けたりしますし、信号や横断歩道も認識します。配達可能な範囲は約5キロで、配達先に到着すると注文した人のスマートフォンに連絡が入る仕組みです。注文した人はスターシップ・ロボットの上部にあるフタを開けて、荷物を取り出します。つまり、荷物を自分で置いてくる

スターシップ・テクノロジーズのスターシップ・ロボット
（写真提供：ロイター／アフロ）

ことはできません。「注文した人が在宅していること」が前提となるため、まずはフードデリバリーでの活用を想定しています。

自走式配達ロボットの実用化は、世界の様々な企業が取り組んでいます。日本では、ロボットベンチャーのＺＭＰが２０１７年より実証実験を開始しました。ドローンのように墜落し、人に怪我をさせるリスクが相対的に小さいことを考えると、ラストワンマイルにおいては、自走式配達ロボットの方がドローンに先行して普及するかもしれません。

自動運航船の可能性

輸送の省人化は、海上でも進もうとしています。ノルウェーのハイテクメーカーであるコングスベルグ・グルッペン（Kongsberg Gruppen）は、世界最大の窒素肥料メーカーであるヤラ・インターナショナル（Yara International）と協同で、自動運航船を開発・実用化すると発表しました。特定の港湾・ルートを対象に、２０１９年には無人遠隔操縦船による輸送を開始し、２０２０年には完全無人自動運航船に移行するという計画です。

世界有数のエンジンメーカーであるロールス・ロイス（Rolls-Royce）も自動運航船の実現に向けたロードマップを発表しました。２０２０年には地域海域レベルで無人遠隔操縦船の運航を開始し、２０３０年にはその範囲を公海にまで拡大、２０３５年には完全無人自動運航船を実用化するという計画です。ロードマップ発表後の２０１８年7月、ロールス・ロイスは海洋事業をコングスベルグ・グルッペンに売却しましたので、同ロードマップはコングスベルグ・グルッペンに引き継がれたと見るべきかもしれません。

完全無人自動運航船は、とどのつまり自動運転トラックの貨物船版です。最終的には船員が全くいらなくなります。他方、その手前にある無人遠隔操縦船とは、貨物船に数多くのカメラとセンサーを取り付けることで、陸上からの操縦を可能にするというものです。無人船にはなりますが、船を操縦する人がいらなくなるわけではありません。では、人件費の削減効果はないのかというと、そんなことはありません。

船員の不足は、トラックドライバー以上に深刻です。日本の海運会社が運航する外航貨物船の大半は、フィリピンをはじめとするアジア諸国の外国人船員によって支えられているといっても過言ではありません。そのアジアの船員でさえ、海上輸送量の増大に伴う世界的な船員不足により売り手市場となっています。

給与水準が一般の事業会社より高いのにもかかわらず、船員を確保できない最大の理由は、「乗船中は自宅に帰れない」というその勤務形態にあります。外航海運では、3－4ヶ月の連続乗船が通例であり、航海中は身内に不幸があっても帰国できません。だからこそ、無人遠隔操縦が実現し、「船員が毎日家に帰れるようになる」ことのメリットは極めて大きいといえます。給与水準を上げずとも、船員を確保しやすくなるはずです。

加えて、遠隔操縦であれば、当該貨物船の状況によって業務に従事する船員数をフレキシブルに変更可能です。「悪天候時には遠隔操縦に携わる船員数を増やし、通常航行中は減らす」、「入出港時は水先人が乗り込むタイミングで船員も乗船する」といった工夫をすれば、一航海における一隻あたりの総投入工数（人数×投入時間）を削減できるはずです。

人件費の削減効果以外にも、いくつかメリットがあります。第一に、船員のための居住スペースが不要になります。その分を荷物の積載スペースに回せば、一隻あたりの荷物の輸送能力が向上します。

乗船する船員がゼロになれば、海賊に襲われても人命は損なわれなくなります。いわんや、現代の海賊の多くは、船員を拉致した上での身代金要求を目的としています。とすれば、そもそも海賊に襲われるリスクも小さくなるはずです。

自動運航船の実用化に向けては、日本やEUといった国家レベルでも検討されています。特に外航海運での運用にあたっては、国際的な議論も不可欠です。船舶保険の規定変更や船員組合の理解といった技術面以外の課題も解決していく必要があるといえるでしょう。

2 保管・荷役の省人化

自動倉庫の革新性と限界

物流のプロセスは、極論すれば、荷物を「輸送する工程」と、「保管・積み替える工程」に分けられます。全ての荷物は、どこかで保管され、トラックや船といった輸送機関に積み込まれた上で、宛先まで届けられるわけです。そして、その「保管・積み替える工程」におい

自動倉庫の例（写真提供：株式会社ダイフク）

ても労働力の不足は大きな問題となっています。

1960年代後半に実用化した自動倉庫は、入荷から保管・出荷に至るまでの一連の工程を自動化できます。機械式の立体駐車場のような仕組みであり、前面にある所定のラック（荷棚）に荷物を置けば、そのラックごと自動で格納されます。無論、搬出も自動です。大型の自動倉庫を導入すれば、フォークリフトでさえ届かない高さまで保管場所として利用することもできます。保管・荷役の自動化と、空間の利用効率の最大化を実現する画期的なイノベーションだったわけです。

されど、自動倉庫の利用は現在に至っても一部の用途に限られたままです。なぜなら、自動倉庫にはその仕組みゆえの構造的な難点があるからです。

第一に、入出荷が特定の場所に限定され、かつ、その作業を機械に委ねているため、取扱量の大幅な増加には対応できません。「クリスマスシーズンは作業員を増やして対応する」といった繁閑への柔軟な対応は困難です。

荷物の大きさの変化にも対応できません。ラックに載せられない大きな荷物は格納できないわけです。他方、当初の想定よりも小さな荷物を格納すると、空間の利用効率が悪化します。機械式の立体駐車場にダンプカーは駐車できないですし、バイクの駐車となると余剰スペースがもったいない、というのと同じです。

導入費用の高さも無視できません。フォークリフトや固定棚を配置するだけの倉庫と比べてはるかに多くの設備投資を必要とします。したがって、相応の利用期間が見込めない限り、設置を意思決定できません。

例えば、工場に隣接する出荷センターは、自動倉庫の利用に適した場所といえます。ラインで生産されている製品であれば入荷量は安定しているはずです。製品の大きさが大幅に変化することも、工場が短期間に閉鎖されることも少ないでしょう。需要が安定している製品、あるいは、需要の変動は出荷先の物流センターで吸収している製品であれば、なおのこと自動倉庫の利用条件に適します。

逆にいえば、様々な荷物を取り扱っていて、需給の変動もそれなりにある物流センターは、自動倉庫の利用に適していません。実際、大多数の物流センターは、入荷から出荷までの作業を人手に頼っています。ECや店舗出荷用の物流センターは、小口の荷物が多く、その分だけ人手を要するため、パートやアルバイトを確保しやすい住宅地付近に配置することが一般的であるとさえいえます。ECの成長による宅配荷物の増加と、生産年齢人口の縮小が著しい日本では、まさに「猫の手も借りたい状況」になりつつあるわけです。

倉庫ロボットの実用化は、この状況の解決の糸口となる可能性があります。倉庫ロボットは自動倉庫よりも汎用性が高く、入出荷量の増減にも柔軟に対応できるからです。

倉庫ロボットの実用化①――棚搬送型ロボット

アマゾンは、2012年にロボットメーカーのキバ・システムズ（Kiva Systems）／現アマゾン・ロボティクス（Amazon Robotics）を買収し、出荷する商品を保管棚から取り出して梱包場所まで運ぶピッキングプロセスの抜本的自動化を進めています。同社の棚搬送型ロボット〝キバ（Kiva）／現ドライブ（Drive）〟は、掃除ロボットを大きくしたような形状であり、保管棚の下に入り込み、持ち上げて、出荷する商品を棚ごと運んでくることができま

アマゾン・ロボティクスのドライブ
（写真提供：Bryan Anselm/Redux/アフロ）

す。

アマゾンでは、ピッキングの作業員を1日に20キロも歩かせる労働環境が問題になっていました。作業員は、指定された場所まで商品を取りに行き、梱包場所まで持っていくという作業を1日中繰り返す必要があったからです。キバを導入した物流センターでは、キバが棚ごと商品を運んできてくれるので、歩行の必要はなくなりました。作業員は、キバが運んできた保管棚から指定の商品を取り出して、梱包するだけでよくなったのです（図表1－3）。

アマゾンは、現在までのところ、世界各国の物流センターに計10万台ものドライブを導入し、労働生産性を大幅に高めることに成功したといわれています。日本でも、２０１６年12月から導入され、既に複数の物流センターで運用しています。

同社は、保管棚から商品を取り出すことのできるピッキングロボットの開発も進めています。２０１５年からは、様々な商品が置かれた棚から指定の商品を取り出して箱に入れる、

図表1-3　ドライブの仕組み

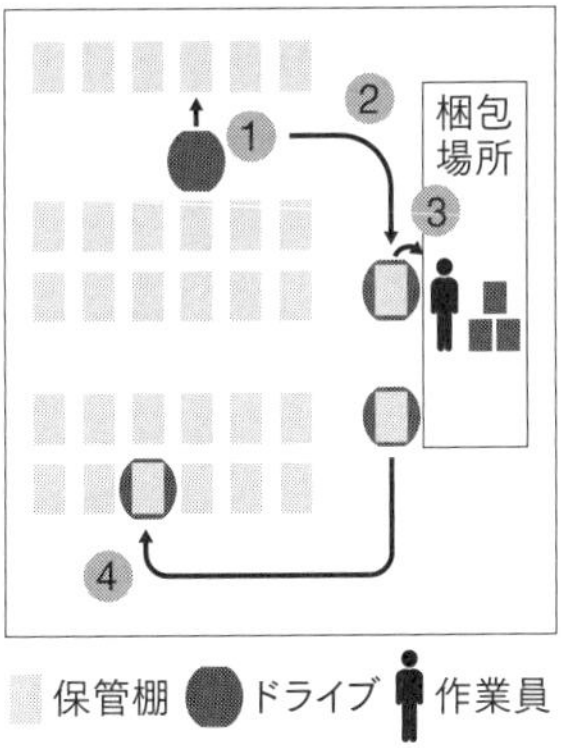

① ドライブ：
出荷する商品が置かれた保管棚の下に入り込んで持ち上げる

② ドライブ：
梱包場所まで保管棚ごと商品を運ぶ

③ 作業員：
ドライブが運んできた保管棚から指定の商品を取り出す

④ ドライブ：
保管棚を適切な場所に戻す

ないしは、箱から指定の商品を取り出して棚に置くプロセスを競うロボットコンテストを開催しています。２０１７年は、愛知県名古屋市で開催され、日本の企業や大学も参加しました。

現状、多様な商品が存在する中で、指定の商品を「棚から取り出す」、「棚に置く」という作業は、明らかに人間の方が早く、正確で、ロボットへの代替は難しい状況です。ロボットコンテストとしては成立しても、現場で広く使われるようになるまでにはある程度の期間を要しそうです。だからこそ、アマゾンはロボットコンテストを主催し、最先端の技術を先んじて把握できるようにしているわけです。社内で製品開発を行うだけではなく、社外での取り組みをも戦略的に取り込んでいこうとするアマゾンの深謀遠慮がうかがえます。

アマゾンのドライブは、アマゾンの物流センターのみで使用される門外不出の棚搬送型ロボットです。したがって、自社の物流センターに導入したくとも購入することはできないのですが、類似の棚搬送型ロボットを複数のメーカーが製造・販売しています。

2018年12月末時点で、日本国内で導入実績のある棚搬送型ロボットは、日立製作所のラックル（Racrew）、インドのロボットベンチャーであるグレイオレンジ（GreyOrange）のバトラー（Butler）、中国のロボットベンチャーであるギークプラス（Geek+）のイブ（Eve）です。

日立製作所は、2014年よりラックルの販売を開始しており、グループ会社の日立物流やモノタロウ（MonotaRO）の物流センターに導入されています。2015年には、商品を保管棚から取り出して梱包場所まで運ぶことのできる自律移動型双腕ロボットを公開するなど、ピッキングプロセスの省人化に向けた製品の開発に積極的な姿勢を見せています。

グレイオレンジのバトラーは、インドの大手EC事業者であるフリップカート（Flipkart）や香港の大手物流会社であるケリー・ロジスティクス（Kerry Logistics）の物流センターで利用されており、日本では家具量販店のニトリや工場用副資材卸のトラスコ中山が導入しました。ギークプラスのイブは、中国にあるアリババ（Alibaba Group）の物流センターで千台超稼働しており、日本ではフルフィルメントプロバイダー（商品の入荷・保管から受注・梱包・発送に至るまでのプロセス全般を代行する事業者）のアッカ・インターナショナルやスポーツ用品販売チェーンのアルペンが導入しています。

棚搬送型ロボットの活用は未だ黎明期であり、ドライブ以外に数万台規模の導入実績を有する事業者は存在しません。導入実績の少なさゆえに、運用方法の確立はこれからという段階です。加えて、ロボットの量産ラインを構築できるほどの引き合いはなく、生産コストの抑制には限界があります。そのため、床面積、出荷頻度、作業員数などについて、一定の条件を満たした物流センターでなければ、投資対効果を期待できません。導入数の増加を通じて、投資対効果を見込める範囲が拡大し、もって広く普及していくことが期待されます。

倉庫ロボットの実用化②――協調型ロボット

棚搬送型とは異なるアプローチからの倉庫ロボットも実用化しつつあります。人とともに働くことを前提とした協調型ロボットは、その最注目株といえます。

ローカス・ロボティクスのローカス・ボット
（写真提供：Getty images）

米国のフルフィルメントプロバイダーであるクワイエット・ロジスティクス（Quiet Logistics）からのスピンオフで設立されたローカス・ロボティクス（Locus Robotics）は、協調型ロボットの先進ベンチャーです。同社の協調型ロボット〝ローカス・ボット（Locus Bots）〟は、ドライブやラックルといった搬送型ロボットと比べて一回り小さく、より敏捷に動くことができます。

ローカス・ボットは、ピッキングする商品が置かれた保管棚の前で待っています。作業員は、ローカス・ボットの上部にあるディスプレイに表示された商品を棚から取り出し、ローカス・ボットが運んできたカゴの中に入れます。作業員が所定のボタンを押すと、ローカス・ボ

図表1-4　ローカス・ボットの仕組み

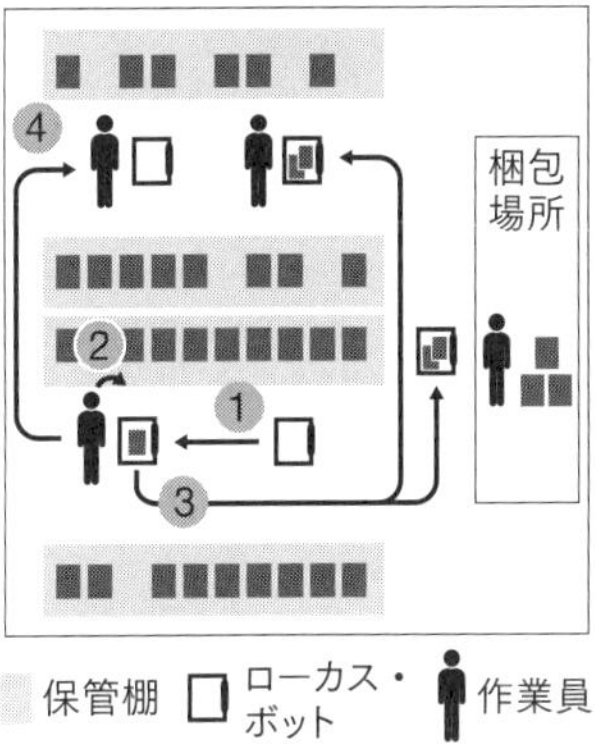

1. **ローカス・ボット：**
出荷する商品が置かれた保管棚の前に移動・待機する
2. **作業員：**
ローカス・ボットのディスプレイに表示された商品を棚から取り出し、ローカス・ボットが運んできたカゴの中に入れる
3. **ローカス・ボット：**
作業員に「次に行くべき場所」を伝えた上で、次にピックアップすべき商品が置かれた棚の前か、梱包場所まで移動する
4. **作業員：**
ローカス・ボットに指示された場所に移動する

ットは作業員に「次に行くべき場所」を伝えた上で、次にピックアップすべき商品が置かれた棚の前か、梱包場所まで移動します。作業員がローカス・ボットに指示された場所まで移動すると、そこには棚から商品を取り出してくれることを待っている他のローカス・ボットがいる、という具合です（図表1－4）。

棚搬送型ロボットと違って、「作業員の歩行」が完全になくなるわけではありませんが、棚から棚へ、あるいは、棚から梱包場所への長距離の移動を協調型ロボットが担うことで、作業員を相当数削減できます。結果として、棚搬送型ロボットほどではないにしても、労働生産性が大きく向上します。

棚搬送型ロボットとの決定的な違いは、保管棚をはじめとする元々の倉庫設備をそのまま利用できることにあります。棚搬送型ロボットのように、ロボットが持ち上げられる保管棚を用意する必要はありません。その分だけ、初期投資費用を抑制できます。

ロボットを段階的に投入できることも優位点といえます。協調型ロボットであれば、最初に1台を投入し、効果があれば2台目以降を順次投入する、ということも可能です。入出荷量に応じてロボットの投入台数を柔軟に変更することも比較的容易です。

棚搬送型の場合、ロボットが動くエリアを明確に指定する必要があります。そこに人は立ち入れません。棚を動かす作業を全てロボットに任せることになるので、最初から必要台数を揃えなければなりません。ロボット1台あたりの費用は数百万円を下らないこと、数十台規模以上での運用が前提となることを踏まえると、億単位の投資が必要となるわけです。

棚搬送型ロボットが持ち上げられる専用の保管棚を用意しなければならないため、既存の物流センターには導入しにくいというデメリットもあります。元々置いてあった棚や荷物を一度退ける必要があるからです。それゆえ、棚搬送型ロボットの導入は、物流センターの新設時や移管時に行われることが大半です。

協調型ロボットの最大の難点は、導入実績が棚搬送型以上に少ないことです。ローカス・ロボットが導入されている物流センターは十数程度であり、そのうちのいくつかは親会社であるクワイエット・ロジスティクスの拠点です。棚搬送型のように、特定エリアの作業を全てロボットに任せるようなものではないため、一拠点あたりの導入台数は相対的に少なく、累計での導入実績は数百台程度と目されます。

ローカス・ロボティクス以外にも、シックス・リバー・システムズ（6 River Systems）やフェッチ・ロボティクス（Fetch Robotics）といったロボットベンチャー、中国の大手ロボットメーカーであるＨＲＧ（HIT Robot Group）、２０１５年にロボットメーカーのアデプトテクノロジー（Adept Technologies）を買収した大手電気機器メーカーのオムロンなども協調型ロボットの開発・製造に取り組んでいます。しかし、いずれも物流センターへの導入実績ではローカス・ロボティクスに及びません。アマゾンのドライブのように、豊富な導入実績を背景に、オペレーションの確立に成功した製品が存在しないわけです。

しかも、棚搬送型と違って協調型ロボットの運用方法は各社各様です。シックス・リバー・システムズ、フェッチ・ロボティクス、オムロンの協調型ロボットは、ローカス・ボットとは異なる動き方で作業員を支援します。ゆえに、投資対効果の見極めは棚搬送型ロボットよりも難しいといえます。

無人フォークリフトの事業性

フォークリフトは、車体前方のフォーク（つめ）を荷物の下部に差し込み、持ち上げて運搬する荷役車両です。棚搬送型ロボットを「荷物を保管棚ごと動かせるロボット」と定義するなら、フォークリフトは「荷物をパレットごと動かせる車両」といえます。現状、大多数のフォークリフトはオペレーターと呼ばれる作業員が運転・操作していますが、無人で動くようになれば棚搬送型ロボットと同様の機能性を有するといえるでしょう。

実際、豊田自動織機や三菱ロジスネクストといった大手のフォークリフトメーカーは、無人フォークリフトの開発に成功し、既に上市しています。しかしながら、棚搬送型ロボットや協調型ロボットよりもはるかに大きく、安全性がより厳しく問われることもあり、オペレーターが運転・操作する有人のフォークリフトと同等のオペレーション効率を実現することは難しい状況です。価格的にも通常の有人フォークリフトより高額です。そのため、半導体の製造工場や特定の菌を利用した植物工場のように人の出入を限りなくゼロにしたい施設、冷凍・冷蔵倉庫や金属加工工場のように労働環境が極めて厳しく、オペレーターの確保に苦慮している場所であれば、相応の投資対効果を見出せるものの、一般的な物流センターではほとんど利用されていません。

とはいえ、無人フォークリフトの性能は日進月歩で向上しています。労働力不足の深刻度もますます高まっています。倉庫ロボットの活用が着実に進みつつあるのと同じように、無人フォークリフトの実用範囲も遠からず拡大するはずです。

ピッキングプロセス以外での省人化

倉庫ロボットや無人フォークリフトは、主にピッキングのプロセスを対象としていますが、その他の作業でも物流機械・システムの利用が広がっています。荷物をパレットの上に積み付けるパレタイザ、逆にパレットの上にある荷物をバラして降ろすデパレタイザ、特定の経路で荷物を連続搬送するコンベヤ、荷物を種類や宛先に応じて仕分するソーター、ダンボールでの梱包や緩衝材の挿入に対応した自動梱包機など、特定の工程を対象とした様々な機械・システムが存在します。これらの多くは以前から存在していますが、画像認識技術の向上やAIの進化などにより、大きさや形状が異なる荷物を幅広く取り扱えるようになったことで実用範囲が大きく拡大しました。

立命館大学発ベンチャーのキョウト・ロボティクス（Kyoto Robotics）は、パレタイザ、デパレタイザ、ピッキングロボットなどの動作を最適に制御するシステムを開発・提供しています。その最大の特長は、荷物の大きさや形状、配置、姿勢などを自社開発の三次元ビジョンセンサーで正確かつ迅速に認識できることにあります。要は、ロボットに「目」と「脳」を提供することで、事前に荷物の形状などに関する三次元ＣＡＤモデルを用意したり、プログラミングなどによって動作を規定するティーチング作業をしたりせずとも、多様な荷物を取り扱えるようにしているわけです。その技術的難度からして三次元での画像認識精度・速度の向上は、物流機械・システムの汎用性を高めるために必要なキーイノベーションといえるでしょう。

人の作業を代替するのではなく、「人の作業を支援する機械・システム」の活用も増えています。保管棚に取り付けられたデジタル表示器に取り出すべき荷物の場所や個数を表示することで作業効率の向上やミスの減少を図るデジタルピッキングシステム、ハンディ端末によるバーコードスキャンを通じて荷物の現在情報や作業員の業務状況を追跡可能とするハンディターミナルシステムなど、従来から存在するものもありますが、人体に装着されたアクチュエータが使用者の筋肉の動きを補助することで重労働の作業負荷を軽減するパワードスーツ、ワイヤレスヘッドセットを通じて作業員に音声で指示を出したり作業完了の報告を受けたりするウェアラブルシステムなど、先進技術を活用した機械・システムの実用化も進みつつあります。

筑波大学発ベンチャーのドーグ（Doog）は、人や台車を自動追従する運搬ロボット〝サウザー〟を開発・提供しています。荷物を載せたサウザーが自動追従するので、1人の作業員が今までよりも多くの荷物を運搬できるようになります。棚搬送型ロボットや協調型ロボットのように、運ぶべき荷物やルートを自律的に判断できるわけではありませんが、シンプルな仕組みであるがゆえに販売価格が安く、投資対効果を見出しやすいといえます。機械・システムを利用する側の事業者からすれば、「人の作業を支援する機械・システム」を導入するのか、あるいは、「人を必要としない機械・システム」への転換を一足飛びに果たすべきなのか、中長期での事業展開を見据えた戦略的な投資判断が必要といえるでしょう。

物流システムインテグレーターの価値

倉庫ロボットをはじめとする最先端の物流機械・システムは、フォークリフトのように、誰しもがその存在を知っているわけではありません。物流センターで働いている作業員の大多数は、倉庫ロボットを見たことさえないはずです。まして倉庫ロボットの導入や運用に携わった経験のある人は非常に限られます。協調型ロボットのように、メーカーによって運用方法が異なる、オペレーションが十分に確立していない機械・システムも少なくありません。だからこそ、機械・システムの導入・運用を支援する物流システムインテグレーターの役割は極めて大きいといえます。

先端技術を活用した物流ソリューションを提供する日本発ベンチャーのグラウンド（GROUND）は、グレイオレンジの棚搬送型ロボット、HRGの協調型ロボットなど、倉庫ロボットの導入に関して多様な実績を有するだけではなく、種々のロボットを導入した物流センターのオペレーションを最適化するソフトウェアも提供しています。モーションプランニングAIを搭載した知能ロボットコントローラーを開発・提供するムジン（MUJIN）は、中国の大手EC事業者である京東商城（JD）が上海に開設した大型物流センターの完全自動化を支援するなど、ピースピッキングロボットを要とした運用設計からインテグレーション、アフターサポートまでをトータルで提供する物流ソリューションサービスを展開しています。

物流センターの受託運営サービスを提供するパル（ＰＡＬ）は、投資マネジメント会社の燦キャピタルマネージメントと共同で、倉庫ロボットに投資する〝ロジテックファンド〟を設立しました。倉庫ロボットの選定や業務の設計・運用を代行するだけではなく、ロジテックファンドが荷主や物流会社に代わってロボットを購入し、荷主や物流会社からは利用料を得るという仕組みです。荷主や物流会社からすれば、倉庫ロボットの選定・導入のみならず、投資対効

COLUMN

物流センターに産業用ロボットを導入できないか？

産業用ロボットは、人間に代わって製品の組立や加工、溶接、塗装などを行います。製品の品質に関わること、中長期での使用を見込めることなどもあり、それなりの設備投資をすることが一般的です。

対して、物流センターには、製品の品質に直接関わるような作業はありません。工場とは違って、取り扱う製品の種類は多く、かつ、その構成が短期間に大きく変わる可能性もあります。将来の見通しが立ちにくいため、長期の投資回収を想定した価格設定は大体において受け入れられません。

昨今、少なからぬロボットメーカーが物流センターをターゲットに新たな製品を開発しようとしていますが、産業用ロボットとは異なるビジネスモデルを要することに留意すべきといえるでしょう。

果の判断さえも委ねられるわけです。

倉庫ロボットを開発・製造するベンチャーが数多く創業されているのと同様に、物流システムインテグレーターとしての役割を担う会社も着実に増加しています。最先端の物流機械・システムを導入しようと考えている荷主や物流会社、逆に荷主や物流会社に対して物流機械・システムを売り込みたいメーカーは、物流システムインテグレーターをうまく活用していくことが重要といえるでしょう。

第2章

標準化による革新

ＩｏＴの進化は、ロジスティクスに関するあらゆる機能・情報を広くつなぐ効果をもたらします。各組織・個人の有する機能・情報が見える化され、他者と共用されるようになります。物流版シェアリングエコノミー（モノやサービスを共同で利用する仕組み）ともいうべき新たなビジネスの萌芽が現出しつつあるわけですが、その方向性は大別して3つあります（図表2－1）。

第1に、調達・生産から小売・消費までのサプライチェーン全体が垂直的につながるということです。どこに、どれくらいの製品があるのかをリアルタイムに把握できるようになることで、本来必要のない過剰な在庫や拠点間の横持ち輸送を削減できます。小売・消費の状況をより正確に追跡できるようになれば、欠品の解消や新たな商品の開発にも活かせるはずです。

第2に、企業や業界の垣根を越えて機能・情報が水平的に共用されるようになるということです。トラックや物流センターといったリソースが広く多くの企業・個人に共用されるようになれば、物流の効率性は大きく向上します。トラックの必要台数が減少し、総走行距離が短くなれば、環境にもよいはずです。

最後に、物流の範囲を超えて機能・情報が共用されるようになるということです。交通情

図表 2-1　ロジスティクス 4.0 による標準化

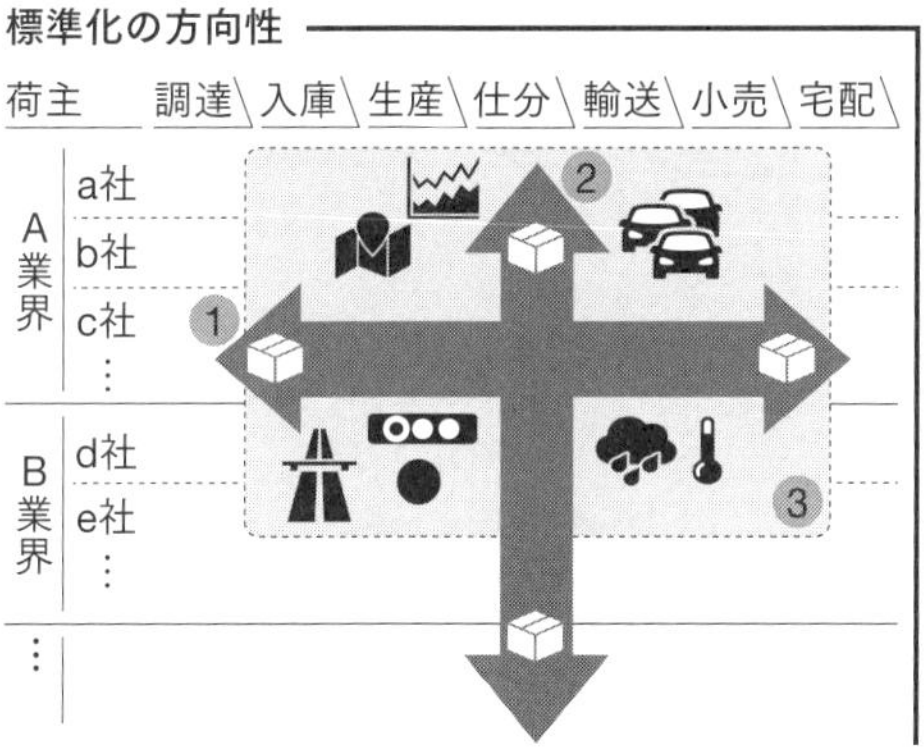

① **垂直統合による標準化**

- 調達・生産から小売・消費までの物流機能・情報がつながる
- サプライチェーン全体が統合される

② **水平統合による標準化**

- 企業の垣根を越えて物流機能・情報が共用される
- 荷主と物流リソースが広くマッチングされる

③ **物流の範囲を超えた標準化**

- 交通、気象、災害といった、物流に直接関係しない多様な機能・情報ともつながる
- ロジスティクスの範囲を超えたプラットフォームが形成される

報や気象予報などが活用されることで、輸送の定時性は間違いなく高まります。災害情報とつながれば、物流の事業継続性も向上するはずです。

省人化を「人の仕事を機械やシステムに置き換えるイノベーション」と捉えるなら、標準化は「人の仕事を機械やシステムに置き換えるにあたって必要となるリソースをシェアリングエコノミーによって最小化するイノベーション」といえるでしょう。

1 垂直統合による標準化

調達・生産プロセスでの標準化

サプライチェーンの全体像を俯瞰するに、垂直統合による標準化は調達・生産といった上流プロセスで先行的に進んでいます。相対的に関与するプレイヤーが少なく、取引関係が固定的であるため、ロジスティクスに関する様々な機能・情報をつなぎやすいからです。

ドイツのコングロマリットメーカーであるシーメンス（Siemens）は、工作機械の稼働に関する様々なデータを集めて、生産性の改善余地やメンテナンスの必要性などを分析するオープンIoTオペレーティングシステム〝マインドスフィア（MindSphere）〟の提供を開始しました。マインドスフィアを利用すれば、生産に要する稼働時間の短縮、製造工程での歩留まりの改善、ダウンタイムの回避といった工作機械としてのパフォーマンスの向上を図れるだけではなく、複数の工場間で情報を共有し、納品先の設備稼働に応じた生産量の変更、出荷タイミングの調整などを行うことで、仕掛在庫の削減を中心としたサプライチェーンの効率化を図ることが可能です。ドイツをはじめとする欧州のメーカーのみならず、米国や日本のメーカーでも導入が広がりつつあります。調達・生産の最適化を実現する次世代プラットフォームサービスの一例といえるでしょう。

ドイツの大手自動車部品メーカーであるボッシュ（Bosch）は、生産・物流に関する情報を調達先のサプライヤーや納品先の自動車メーカーと共有する〝バーチャル・トラッキング（Virtual Tracking）〟を開発・導入しました。調達先・納品先との物流において使用するコンテナやパレットにRFIDタグを取り付けて、入出荷に際してのデータ管理を自動化するだけではなく、在庫管理の適正化にも活用しています。仕掛在庫や工場間輸送の状況もリアルタイムで共有されており、需給の変動に応じた生産・物流計画の弾力的な見直しを可能としています。

シーメンスやボッシュの取り組みは、煎じ詰めれば、トヨタが生み出したジャスト・イ

図表 2-2　垂直統合による標準化の方向性（例）

調達・生産プロセス	流通・小売プロセス	サプライチェーン全体
シーメンス ● 工作機械の生産性向上やダウンタイムの回避などを支援するオープンIoTオペレーティングシステムの提供 **ボッシュ** ● 調達先や納品先と入出荷や仕掛在庫などの情報をリアルタイムで共有することでの生産・物流の弾力化	**花王** ● 需要予測を核としたサプライチェーンマネジメントによる在庫・欠品の最小化と、物流・流通コストの低減 **アマゾン** ● 予測発送システムを利用した当日配送範囲の拡大 ● スマートスピーカーや無人コンビニを活用したユーザー情報の収集・活用	**ザラ** ● 企画・開発・配送の超短リードタイム化による値引販売の最小化 ● スマート試着室や巡回ロボットを活用した顧客データの収集・活用 **コマツ** ● 生産設備の稼働を見える化することでの生産性の向上、リードタイムの短縮 ● 機械稼働管理システムを活用することでの営業活動の効率化、アフターパーツロジスティクスの最適化

［出所］　各社発表資料より作成

ン・タイムの生産方式をデジタル技術の活用により成し遂げようとするものです。その側面だけを見ると、新たな価値の創出とはいえないわけですが、IoTの進化により現場での努力を必要とせずに世界有数の企業と同等の効率的なサプライチェーンを組み上げられるようになったわけです。現場力を強みにジャスト・イン・タイムを実現した日系企業からすれば、その差を一足飛びに埋めるような技術が普及しつつあるといえます。この潜在的脅威を見据えた新たな競争戦略の構築が必要といえるでしょう。

流通・小売プロセスでの標準化

垂直統合による標準化は、流通・小売以降のプロセスでも進みつつあります。花王は、20年以上前から需要予測を核としたサプライチェーンの最適化に取り組んでいます。品目別・納品先別に蓄積された日次の販売実績をベースに、将来の需要を予測し、販売計画や生産計画を作成します。担当者の思惑が入った見込みではなく、品目別・納品先別での需要特性、季節変動、価格弾性、商談情報などをもとに科学的に予測することで、在庫や欠品の最小化と、物流・流通コストの低減を実現しています。現在では、新商品であっても一週間後には既存商品並みの予測精度を確保できるようになりました。

品目別・納品先別の販売分析データは、小売事業者に対する棚割や販促の提案にも活かされています。過去の取り組みと販売実績を比較分析することで、売上の拡大により有効な提案を科学的に導出できるからです。花王は、1966年に販社を設立以来、小売事業者に直接商品を販売・供給する独自の取引関係を構築しており、その関係性ゆえに得られる品目別・納品先別販売データを売上とコストの両面に最大限活かしているといえるでしょう。

アマゾンは、購入実績や閲覧履歴などをもとに、ユーザーに対しておすすめの商品を提案するレコメンデーション機能を提供していますが、同データをサプライチェーンの最適化にも活かす取り組みを進めています。日本のように国土が狭く、ユーザーの密集度が高い国であれば、午前中に注文を受けた商品を当日中に届けられるようにするために、売れ筋商品を中心に在庫をある程度点在させることも比較的容易ですが、米国で同様のサービスを実現しようとなると在庫拠点を大幅に増やす必要が生じます。アマゾンは、この問題に対応するため、購入実績や閲覧履歴だけではなく、ショッピングカート内の保存商品、キャンセルや返品の履歴、商品ページでのマウスカーソルの動態、季節や曜日での変動などをもとに、翌日の注文数を予測し、注文を受ける前に出荷をするという〝予測発送システム〟の運用を開始しました。在庫拠点から出荷された商品は、各地に点在する通過型の仕分拠点に運ばれます。その間に受けた注文をもとに宛先が設定され、仕分拠点で方面別の宅配トラックに積み替えられるわけです。結果として、アマゾンは、在庫拠点を増やすことなく当日配送の範囲を拡大することに成功しました。

アマゾンは、ユーザーの情報をマーケティングに活かすことにも積極的です。スマートスピーカー〝アマゾン・エコー（Amazon Echo）〟は、人工知能〝アレクサ（Alexa）〟を搭載しており、音楽の再生だけではなく、メッセージの送信、天気予報の確認、レストランの検索、家電製品の操作、アマゾンでの買い物といった様々な機能を提供していますが、ユーザーの情報を入手するための端末としての側面もあります。アマゾン・エコーが設置されていれば、その音声情報や登録データを通じて、住所、家族構成、家にある家電製品、好きな音楽・食事、普段よく見ているテレビ番組、最近の話題といった多様なユーザー情報を入手できるからです。アマゾン・エコーの普及を通じて、住環境や家族構成に応じた戦略的なプロモーション、商品・サービスの垣根を越えたタイアップ、テレビの前にいる視聴者の属性に応じたCMの入替なども可能になるはずです。そう考えると、アマゾン・エコーは、消費者の家の中での行動を見える化し、マーケティングに活かすことのできるデマンドチェーン型のプラットフォームシステムと捉えるべきなのかもしれません。

2018年に1号店がオープンした無人コンビニ〝アマゾン・ゴー（Amazon Go）〟も、「店員がいらない」ということだけに注目すると、その真の実力を見誤ります。アマゾン・ゴーは、店内にセンサーを張り巡らすことで、レジレスを実現しているわけですが、その最大の価値は来店客の情報をあまねく収集できることにあります。「誰がその商品を買ったのか」、「その人は誰と来たのか」、「どういう身なりだったのか」、「一度手にとって買わなかったものは何か」といった、POSシステムではわからなかった情報を収集できるようになります。このデータを活用すれば、消費者の目にとまりやすいパッケージ、ターゲットとする消費者にピンポイントで訴求するプロモーション、買い物のしやすさと買いたくなる演出を兼ね備えた店舗レイアウトなどを科学的分析をもとに実現できるようになります。メーカーや小売チェーンからすれば、アマゾン・ゴーは「店員がいらないコンビニ」であると同時に、「商品をリアルチャネルでよりよく販売するためのツール」といえます。

一方で、消費者からすると、アマゾン・ゴーは買い物のプロセスを一変させる存在といえます。棚に並んでいる商品をそのまま自分のカバンに入れればよくなるからです。「昼時になるとレジ待ちの行列でウンザリする」、「レジが遅くてイライラする」などということはなくなるはずです。

中国には、ビンゴボックス（Bingo Box）やウェルゴー（Well Go）といったセルフレジ型の無人コンビニが既に多数存在しています。日本のコンビニ業界でも、セルフレジの導入に向けた取り組みが本格化しつつあります。しかしながら、セルフレジ型の無人コンビニは「店員のレジ作業を来店客に押しつけることでの人員削減」を実現しているに過ぎません。投資対効果は人件費の削減額のみとなります。対して、アマゾン・ゴーは、メーカーや小売チェーン、消費者に、今までにはない「購買動態データ」や「買い物体験」を提供するプラットフォームシステムといえます。人件費の削減効果以外の価値をも提供することで、投資対効果を得やすくしているわけです。そう考えると、垂直統合による標準化を進めるにあたっては、コストサイドだけではない価値の創出がキーポイントになりそうです。

一気通貫での垂直統合

調達・生産から小売・消費までの一気通貫で垂直統合的な最適化を指向している企業も存在します。ファストファッションのザラ（ＺＡＲＡ）を展開するインディテックス（Inditex）は、リードタイムの極少化を核に、サプライチェーン全体の最適化と、競争優位の構築に成功した先進プレイヤーといえるでしょう。

一般的なアパレルメーカーでは、商品の企画から店頭での販売に至るまでに半年以上の期間を要します。だからこそ、例えば、夏物商品であれば、秋口に翌年の夏物の企画・検討を開始するわけです。そして、夏物商戦が始まる前に、シーズン予算の半分程度の店頭在庫を確保しておきます。トレンドをうまく予測できれば、量産された全商品を定価で売り切ることで相応の収益を得られますが、現実的には難しく、プロパー消化率（定価で販売できた商品の割合）が50％を下回るメーカーも少なくありません。

他方、ザラの商品企画から販売までの期間はわずか2週間です。スペインにある本社オフィスに、数百人規模のデザイナー、マーケター、バイヤーを配することで、年5万点超の新商品を開発しています。デザインが決まると、生地の裁断、縫製を10日程度で完了し、一度本社周辺の物流センターに集約した上で、各店舗に週2回の頻度で出荷します。欧州圏内の店舗には陸送していますが、その他の地域には空輸することで、基本的には48時間以内、最長でも72時間以内に届けます。このような超短リードタイムであるがゆえに、ザラはシーズン前の店頭在庫を予算の20％程度に抑制できます。シーズン開始後、トレンドに即した新商品を随時企画し、店舗にタイムリーに投入すればよいからです。空輸することで物流コストは割高になりますが、在庫を売り切るための値引を必要最小限に抑制し、85%を超えるプロパー消化率を達成することで、営業利益率15%超という業界屈指の高収益を実現しています。

ザラは、顧客のニーズを的確に理解するための投資にも積極的です。例えば、追加で試着する服を画面で確認し、オーダーすることができるタッチパネルを備え付けた〝スマート試着室〟を一部の店舗に試験導入しています。最初に持ち込んだ服のバーコードをスキャンすると起動し、異なるサイズやカラーの服だけではなく、画面上で欲しい服を探して、持って来てもらうことも可能です。来店客からすれば、店員を呼んだり、他にどのような服があるのかを聞かなくて済む「買い物快適化ツール」といえるでしょう。片やザラからすれば、POSシステムではわからなかった「試着されたが買われなかった商品」を把握することのできる情報収集ツールといえます。「試着されても購入には至らなかった商品」は、着心地が悪いのかもしれません。あるいは、鏡に映った自分の姿と、ハンガーに吊された商品のシルエットとのギャップが大きい商品なのかもしれません。顧客データと結び付けられれば、必ず試着してから購入する人、試着せずに購入する人のタイプもわかります。試着された服と顧客属性の関係も紐解けるはずです。

ザラは、店内を巡回して、各商品の置かれている場所や数量をセンサーで確認したり、来店客を案内したりするロボットの導入も検討しています。その第一の目的は、店員の作業工数（人数×作業時間）の削減にあるわけですが、将来的には来店客の情報を把握するためのツールになるでしょう。画像認識技術やＡＩが進化すれば、「どういう人が来店したのか」、「どのような服装だったか」、「どういう人と一緒に来たのか」、「どの商品を見ていたか」、「どの商品を手に取ったか」、「結果として何を買ったのか」といった、顧客の属性や商品の購入に至るまでの意思決定のプロセスをトレースできるようになるからです。

ザラが顧客のニーズや行動をより的確に把握できるようになったとき、企画・生産から販売までのサプライチェーン全体の効率化が進むだけではなく、商品企画の精度が高まることで、プロパー消化率も向上するはずです。垂直統合の結びつきを深めることで、競争力の更なる強化を実現しつつある事例といえるでしょう。

大手建設機械メーカーのコマツは、〝つながる化〟をコンセプトに、調達・生産から販売、アフターサービスの提供に至るまでのサプライチェーンの最適化を進めています。

調達・生産サイドにおいては、工作機械、溶接ロボット、熱処理装置など生産設備の稼働情報をＩｏＴにより見える化し、稼働率や出来高といったパフォーマンスの差を特定することで、生産性の向上、リードタイムの短縮、ダウンタイムの削減などを実現しています。自社だけではなく、協力会社の生産設備ともつながっており、生産や輸送に関するジャスト・イン・タイムの的確性向上にも役立てられています。

販売・アフターサービスサイドでは、2001年よりコマツの建設機械に標準装備されている機械稼働管理システム〝コムトラックス（KOMTRAX）〟を活用することで、効率的かつ効果的な営業活動と、アフターパーツロジスティクスにおける在庫と機会損失の最小化を実現しています。コムトラックスを使えば、その地域で過去に販売した建設機械の稼働状況を個体別に把握できるからです。例えば、建設機械の稼働が高ければ、「土木・建築工事が増えている」と見なして販促活動により多くの営業リソースを投下する」こともできます。過去に販売した建設機械の累計稼働時間がわかれば、「より適切なタイミングでオーバーホール（点検・整備）を提案する」、「アフターパーツの需要をより正確に予測し、在庫量を柔軟に変動させる」ことも可能です。現場での使われ方がわかれば、「その現場での生産性の向上に有効な建設機械の購入・使用を提案する」、「現場での使われ方に即した新しい建設機械を開発する」こともできるようになります。

ザラやコマツは、自社のサプライチェーンを垂直統合することで、競争力の強化や収益の拡大を図っているわけですが、今後はシーメンスのマインドスフィアやアマゾン・エコーのように、広く多くのユーザーを対象としたプラットフォームサービスを開発・提供しようとするプレイヤーも増えてくるはずです。プラットフォームサービスの開発・提供者として新たな収益機会を得ることも一考ですが、他社のプラットフォームを能動的に活用し、自社ならではのサプライチェーンを作り上げることで、既存事業の優位性を高めることも有力な戦略オプションといえるでしょう。

2 水平統合による標準化

共同物流の考え方

共同物流は、企業の垣根を越えて物流機能を水平的に共用する取り組みといえます。複数の企業の荷物を取り扱うことで、荷量を増やし、もって物流の効率性を高めようとするわけです。これまで、様々な企業が取り組んでいますが、そのコンセプトは2種類に大別されます。

1つは、単純に荷量の少ない地域・ルートで、他社と一緒に荷物を保管・輸送しようとする考え方です。味の素、カゴメ、日清オイリオグループ、日清フーズ、ハウス食品グループ本社の食品メーカー5社は、国内物流全体の共同化に向けた取り組みを進めていますが、北海道と九州での共同配送を先行的に実施しています。なぜなら、両地域とも販売量が少なく、共同配送のメリットが大きいからです。アサヒビール、キリンビール、サッポロビール、サントリービールのビールメーカー4社も北海道をはじめとする一部の地域で共同物流を展開しています。アステラス製薬、武田薬品、武田テバファーマ、武田テバ薬品の医薬品メーカー4社は北海道に共同の物流センターを設立しました。海外においても同様であり、アフリカや中東といった取扱荷量の少ない地域では、日系自動車メーカーも競合他社との共同物流を実施しています。

もう1つの考え方は、行き荷と帰り荷、季節、時間帯などによって取扱荷量にギャップのある地域・ルートにて共同物流を展開しようとするものです。例えば、住友化学と東洋紡は千葉・埼玉と福井の間での共同物流を行っていますが、住友化学は千葉から福井までの輸送のみがあり、東洋紡は福井から埼玉までの輸送のみがある状況であったため、相互に帰り便の空きスペースを利用することで物流の効率化を実現しています。大塚製薬とサンヨー食品も共同物流を実施していますが、大塚製薬の主力商品である清涼飲料の繁忙期は夏で、重量物であるのに対して、サンヨー食品の主力である即席麵の繁忙期は冬で、軽量物であるため、季節変動の補完と、容積・重量に制限のある配送トラックの有効活用を企図しています。朝日新聞とデリバリー総合サイト〝出前館〟を運営する夢の街創造委員会は、新聞配達をしていない昼食・夕食時間帯に、新聞配達員が出前館で注文を受けた飲食物を宅配するという時間帯ごとの稼働ギャップを利用した物流サービスを開始しています。

他社に物流業務を委託することで、結果的に共同物流が実現するということもあります。例えば、東京納品代行はアパレルメーカーに対して百貨店への納品物流サービスを提供していますが、東京納品代行を利用しているアパレルメーカーからすれば、百貨店への輸送の共同化を実現していることになります。食品卸や医薬品卸は、スーパーマーケットや薬局に運ばれる商品の共同物流サービスを提供している事業者とも捉えられます。

すなわち、共同物流は水平統合による効率化を実現する、古くから存在するビジネススキームといえるわけですが、特定の企業間での固定的な関係を前提としているため、突発的な需要の増加や取扱量の急減には対応できません。「だれが」、「どこからどこに」、「どのような荷物を」、「どの程度送っているのか」といった個社の物流に関する情報は公開されておらず、「共同物流を実現したくとも相手先が見つからない」ということが少なからずあります。各地域・ルートの物流の現状を網羅的に把握した上で、水平統合の可能性を俯瞰的に検証できているわけではないのです。ＩｏＴを活用したマッチングビジネスの成長は、この状況に大きな変化をもたらすでしょう。

トラック運送でのデジタルマッチング

かつて日本には、「帰り荷を確保したい運送会社」（求貨）と「荷物を運んでもらいたい荷主や元請会社」（求車）をマッチングする、水屋と呼ばれる仲介業者が数千も存在していました。例えば、東京から仙台まで荷物を運んだとして、帰りの荷物がないとき、運送会社は水屋に仙台から東京まで運ぶ荷物の仲介を依頼します。反対に、仙台から東京までスポットで荷物を運んでもらいたい荷主や元請会社は、水屋に運び手となる運送会社の仲介を依頼するわけです。水屋は、電話回線さえあればできる仕事であり、その多くは個人事業主でした。

１９９０年代末期から２０００年にかけてのＩＴバブル期に、数多くの事業者がこの水屋のビジネスに参入しました。運送会社と荷主・元請会社をつなぐｅマーケットプレイス（電子商取引市場）を提供することで、水屋に代わる地位を得ようとしたのです。大企業やベンチャーキャピタルが競って出資したこともあり、社会的にも注目を集めましたが、残念ながら大半の事業者は十分な収益を得ることなく市場からの退場を余儀なくされました。

eマーケットプレイス形式の求貨求車マッチングが機能しなかった理由は大きく2つあります。1つは、eマーケットプレイスのアクセス性です。当時は、電話やFAXでのやり取りが当たり前で、大手の荷主や元請会社はさておき、荷物の運び手である中小の運送会社からすれば、インターネットにアクセスすること自体がハードルだったわけです。

もう1つは、荷物をマッチングすることの複雑性です。マッチングに際して必要な情報は、発地と着地の場所と輸送費だけではありません。荷物の種類や大きさ、トラックの最大積載量と荷台の形状・設備だけではなく、発地に取りに行く時間や着地に届けるべき時間も必要です。中小の運送会社が多いゆえに、会社としての信用度や荷物の取扱品質も判断材料となります。あまつさえ、冷凍・冷蔵機能や危険物取扱免許などを必要とする特殊な荷物もあります。適切なマッチングを実現するためには、これらの条件を満たした相手先を探さなければならないわけです。当時のeマーケットプレイスのマッチング機能では、この複雑性に対応できませんでした。

さりとて、個人事業主を中心とした水屋の業界構造がそのまま維持されたわけではありません。人とＩＴを組み合わせた求貨求車システムを作り上げることで、スケールメリットを得ることに成功したプレイヤーが出現したからです。一般の物流会社でありながら水屋事業に参入したトランコムは、顧客とのやり取りや複雑な条件を理解した上でのマッチングを〝アジャスター〟と呼ばれる社員に任せる一方で、マッチングがまだ成立していない案件や取引先の情報などをコンピュータ画面上で確認できる仕組みを構築しました。運送会社や荷主・元請会社からすれば、今までと同じように電話をすればよく、トランコムの求貨求車サービスを利用するにあたってのハードルはありません。それでいて、マッチングの成約率は高くなります。個人事業主である一般の水屋と比べて取扱件数が桁違いに多く、運送会社と荷主・元請会社の双方の希望する条件を満たしやすくなるからです。

現在では、トランコムをはじめとする求貨求車システムの普及により、水屋の業者数は大きく減少しています。求貨求車というプロセスは、人とＩＴを組み合わせることで、装置産業化が先行的に進んだ業界といえるでしょう。

近来、ＩＴバブル期には失敗したｅマーケットプレイス形式での求貨求車マッチングに挑戦しようとする企業が増えつつあります。大和ハウス、ソニー、日本郵政、アスクルといった大企業からの出資を得ているハコブ（Hacobu）、印刷・広告のシェアリングプラットフォームサービスを提供するラクスルが事業化したハコベル、軽貨物運送を出自とするCBクラウド（CBcloud）などがその代表的プレイヤーです。ITバブル期と違ってスマートフォンが普及したこと、マッチングのエンジンとなるAIが進化したことなどを踏まえるに、今こそかつての失敗を乗り越える好機なのかもしれません。対象とする荷物や地域、輸送の条件などを限定し、マッチングの複雑性を多少なりとも軽減することで、事業化のハードルを下げることも重要といえそうです。

実は、東南アジアでは、eマーケットプレイス形式の求貨求車マッチングが都市部を中心に普及しつつあります。例えば、香港発の求貨求車マッチングであるララムーブ（Lalamove）は、2013年の創業以来、急速に成長しており、現在では、中国、台湾、タイ、フィリピン、ベトナム、シンガポールなどでもサービスを提供しています。仕組みとしてはウーバー（Uber）のライドシェアサービスに似ており、荷主は所定のアプリをダウンロードした上で、発地・着地の住所、出発時間、配送車両の種類などを指定するだけという簡便さです。ドライバーは、アプリ上に表示された注文リストの中から請け負いたい仕事を選択します。マッチングの確定後、荷主とドライバーは直接会話することで荷物の詳細や積み下ろしの方法などの諸事項を確認します。

ララムーブは、イケア（ＩＫＥＡ）やバーガーキング（Burger King）といったチェーンストアの配送をも請け負うことで、事業の基盤となるベースカーゴを確保することに成功しました。一方で、家電・家具の宅配や引越にも対応することで、事業の裾野を広げていっています。諸外国ではウーバーに代表されるライドシェアサービスがタクシーに代わる存在として既に一般化しつつある現状を理解すれば、ララムーブをはじめとする求貨求車マッチングサービスの利用が今後爆発的に拡大する可能性もあるといえるでしょう。

日本と海外では、荷物の取扱や定時性に対するこだわりに大きな差があります。運送事業を開始する際に必要な許認可も異なります。だからこそ、ライドシェアサービスのように、「日本だけ流行《はや》らない」という状況に至る可能性もあるわけですが、水平統合による標準化の方向性を占う上で、普及期に入りつつある求貨求車マッチングの動向は注視するに値するはずです。

人や倉庫を組み合わせたマッチング

物流におけるマッチングの対象はトラックだけに限られるものではありません。米国のベンチャー企業であるインスタカート（Instacart）は、「誰かに食料品を買ってきてもらいたい消費者」と、「空いている時間に仕事をしたい一般個人」と、「食料品の宅配サービスを提供したいスーパーマーケット」をマッチングするサービスを提供しています。ウーバーのデリバリーサービスである〝ウーバーイーツ（Uber Eats）〟も、「デリバリーサービスを利用したい消費者」と、「空いている時間に仕事をしたい一般個人」と、「出前を届けて欲しいレストラン」をマッチングするサービスといえるわけで、ビジネスとしてのコンセプトはとてもよく似ています。いずれも空いている時間に仕事をしたい一般個人を活用することで、配達コストを軽減しているわけです。自動車のドライバーと、移動手段として自動車に乗りたいユーザーをマッチングすることで、移動コストの軽減を実現したライドシェアサービスと目の付け所は同じといえるでしょう。

2016年に日本で創業したソウコ（Souco）は、「一時的に倉庫を利用したい荷主」と、「空きスペースのある倉庫の保有者」をマッチングするサービスを提供しています。まさに求貨求車マッチングならぬ、求貨求庫マッチングといえるでしょう。今後マッチングサービスとして普及すれば、返品やリコールによる在庫の急増、イベントの実施による一時的な荷物保管などにも対応しやすくなるはずです。

デジタルフォワーダーの躍進

フォワーダーの世界にも次世代のマッチングビジネスが出現しました。フォワーダーとは、荷主に代わって、船舶、航空、鉄道、トラックといった輸送手段の確保、保管や通関などの業務の手配を代行する利用運送事業者です。旅行に例えるなら、旅行者に代わって、飛行機や電車のチケットの手配、ホテルの予約やビザの申請などを代行してくれる旅行代理店のような存在といえます。そして、旅行の世界において、エクスペディア（Expedia）や楽天トラベルといったオンライン予約サイト、ナビタイムをはじめとするナビゲーションサービスが登場し、旅行代理店を取り巻く事業環境に変化がもたらされたのと同様の状況が生じつつあります。

サンフランシスコ発のスタートアップであるフレックスポート（FlexPort）は、海運・航空会社、運送会社、倉庫会社、通関業者などの受託条件をインデックス化したデータベースを構築し、発地と着地の場所、荷物の種類、リードタイム、費用などを条件に、AIが最適な輸送ルート、手段、事業者を割り出してくれるマッチングサービスを提供しています。電話、FAX、メールなどでのやり取りを不要とするオンラインシステムも用意しました。各事業者の業務システムとも連携しているため、荷主は画面上で荷物の現在位置や通関処理の状況などをリアルタイムで確認することも可能です。

つまるところ、フレックスポートは、フォワーダーが提供している機能を全てデジタル化したわけです。そして、フォワーダーが数多くの人員を投入することで対応しているマッチングとコミュニケーションのプロセスを無人化することで、圧倒的なコスト競争力を実現しようとしています。

現在までのところ、フレックスポートの利用は一部の荷主に限られています。データベースに登録されていない事業者が少なからず存在すること、結果として対応可能な輸送ルートや手段に制約があることなども課題といえますが、普及を実現する上でのより大きな障壁はフレックスポートのオンラインシステムにアクセスすることを前提とした仕組みにあります。既存のフォワーダーとのやり取りに慣れた荷主からすれば、システム的に優れていて、低コストであったとしても、今までのやり方や体制を改めなければならないからです。

とはいえ、海外出張に際して旅行代理店を利用せずに航空券やホテルなどを手配することが珍しくなくなったことを認識するに、フレックスポートをはじめとする「デジタルフォワーダー」の潜在的な事業機会は大きいと見るべきです。そのように考える投資家が多いからこそ、フレックスポートの出資者には著名なベンチャーキャピタルが名を連ねているわけです。フレックスポートがデジタルフォワーダーとしてデファクトスタンダードの地位を得られるかどうかはわかりません。しかしながら、既存のフォワーダーにとって、デジタルフォワーダーの出現は看過し得ない脅威であり、水屋が求貨求車システムの普及によってその数を大きく減らした事実に思いを馳せるべきでしょう。

統合管理システムの出現

ＤＨＬは、様々な物流会社のデータシステムと接続し、統合的に管理できるロジスティクスマネジメントシステムの開発を進めています。このシステムが完成すれば、荷主は各物流会社と個別にデータシステムを接続する必要がなくなります。荷主からすれば、新しく物流会社と取引を開始することも、委託先の物流会社を変更することも簡単になるポータルシステムといえるでしょう（図表２－３）。

ＤＨＬからすれば、取引先の荷主がこのマネジメントシステムを導入すると、物流業務の委託先を他社に変更してしまうリスクが高まります。世界最大の物流会社であるＤＨＬは、他社よりも広範な顧客基盤を有するわけであり、その競争環境を一変させかねないディスラプティブ（破壊的）なソリューションの開発は競合他社を利する可能性もあります。では、

図表2-3　DHLのロジスティクスマネジメントシステム

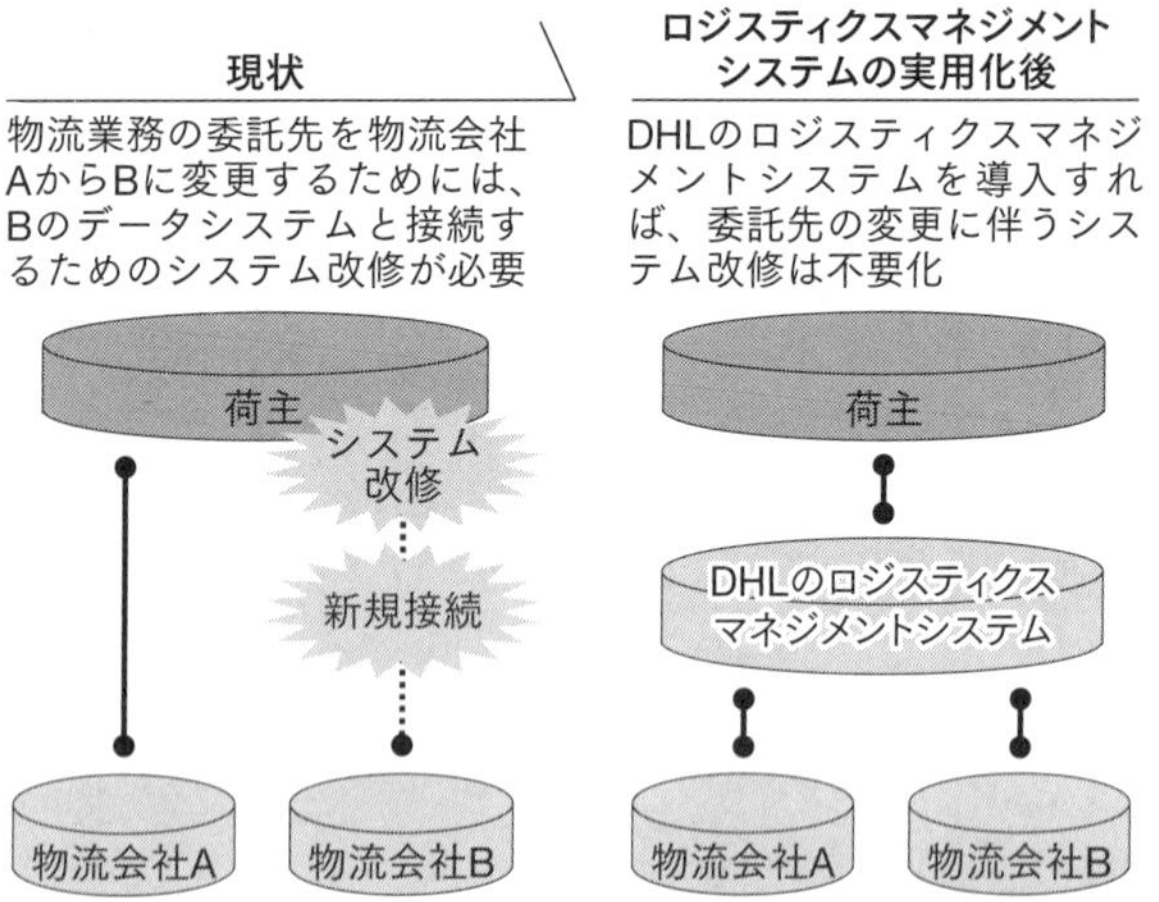
現状
物流業務の委託先を物流会社AからBに変更するためには、Bのデータシステムと接続するためのシステム改修が必要
ロジスティクスマネジメントシステムの実用化後
DHLのロジスティクスマネジメントシステムを導入すれば、委託先の変更に伴うシステム改修は不要化
荷主
システム改修
新規接続
物流会社A
物流会社B
荷主
DHLのロジスティクスマネジメントシステム
物流会社A
物流会社B

［出所］ DHLの会社発表資料より作成

なぜ、ＤＨＬは自社のビジネスを毀損しかねないこのシステムの開発に取り組んでいるのでしょうか。もちろん、スイッチングコストの低減という価値を荷主に提供したいとの思いもあるでしょう。しかし、それ以上に、誰かがＤＨＬよりも先にこのシステムを完成させ、デファクトスタンダードの地位を得てしまうことを避けたいとの考えがあるはずです。そうなれば、物流サービスはシステムによってデジタルに選ばれる存在となり、ＤＨＬはその事業規模を基盤とした競争優位性を失する可能性があるからです。

　誤解を恐れずにいえば、ＤＨＬが開発しようとしているこのマネジメントシステムは、物流業界におけるウィンドウズ（Windows）のようなものです。ウィンドウズが普及したことで、ユーザーは「ウィンドウズが入っているパソコン」であれば、どのメーカーのものであっても同じように使えるようになりました。異なるメーカーのパソコンに買い換えたとしても、一から使い方を覚えたり、データのフォーマットを変更したりする必要はなくなりました。結果としてパソコンはコモディティ化し、価値の源泉はウィンドウズを代表とするオペレーティングシステムにシフトしたわけです。そして、世界最大のパソコンメーカーであったＩＢＭは、その将来性に見切りをつけ、パソコン事業を売却しました。

ＤＨＬは、おそらくＩＢＭの二の舞になりたくないと考えているのではないでしょうか。だからこそ、世界最大の物流会社でありながら、ディスラプティブな挑戦を仕掛けているのです。ロジスティクス４・０は、物流を取り巻く事業環境に非連続の変化を与えます。次世代のプラットフォームとなるシステムを構築した企業はデファクトスタンダードとしてのポジションを獲得し、大きな収益を得る一方で、そのシステムに選択されるだけの存在に成り下がれば収益力を失します。そのような事業環境下では、「リスクを取らないこと自体がリスク」になるのです。

3 物流の範囲を超えた標準化

物流管理システムの進化

ＷＭＳ（倉庫管理システム）やＴＭＳ（輸配送管理システム）といった物流管理システムの進化は、物流に必ずしも直接関係しない多様な機能・情報をも取り込むことで成し遂げられたといえます。

例えば、初期のＷＭＳは、倉庫内にある在庫の数量をデータとして蓄積し、荷主に保管料や入出荷料を請求するだけのシステムでした。現在では、入荷から格納、ピッキング、検品、梱包までの作業の状況や荷物のロケーションまでもトータルで管理できるようになっています。最先端のＷＭＳの中には、過去の出荷実績や生産・販売計画、許容欠品率などをもとに、適正な標準在庫量や発注量を試算してくれる製品もあります。

ＴＭＳも、元々は輸配送の実績をデータとして蓄積し、荷主に輸配送料を請求するだけのシステムでしたが、今では、各荷物の発地と着地の場所、容積・重量、納品時間などを事前に入力することで、トラックの必要台数や最適な輸配送ルートを自動で試算してくれます。

渋滞予測をもとにしたルートの最適化、到着予定時刻の通知、エコドライブのサポートなどの機能を有した製品も存在します。荷物の取扱に直接関係しない交通情報などのデータを取り込むことで、輸配送の全体最適を追求できるようになったといえるでしょう。

国内最大手の航空測量会社であるパスコは、ＴＭＳを核とした物流ソリューションサービスを提供しています。その最大の特長は、気象予報を活用することで災害の発生による輸配送への影響を最小化できることにあります。パスコは、過去の気象災害が道路交通などの輸配送インフラに与えた影響をデータベースに蓄積しており、1時間あたりの降水量や降雪量、積雪量、風速・風向などをもとに、通行止の実施、土砂災害や内水氾濫の危険性などを6時間先まである程度正確に予測できます。例えば、通常の輸配送ルートを使用できなくなると予測される場合、システム画面上にアラートが表示されるので、出荷時間を早めたり、迂回路を使ったり、異なる輸配送手段を選択することで、荷物の定時到着性を高められるわけです。

富士通のサプライチェーンリスク管理サービス“SCRKeeper”は、調達先であるサプライヤーの工場の所在地、生産品目などの情報をあらかじめ登録することで、地震をはじめとする大規模災害が発生した際に、部品や材料の調達に及ぼす影響を速やかに把握できる仕組みです。一次取引先のサプライヤーだけではなく、二次・三次取引先の情報、生産品目別の取引関係も登録できるので、直接取引関係のないサプライヤーが被災したときのサプライチェーンへの影響も短時間に分析し、調達先の変更や生産量の調整といった対応策を迅速に実行できます。現状は、工場の被災のみを対象としていますが、道路や鉄道、港湾、空港などの輸配送インフラの被災状況とその影響も把握できるようになれば、輸配送ルートや手段の変更なども指示できるようになるはずです。

物流に直接関係しない機能・情報の活用は、気象や災害に関するものだけではありません。将来的には、資源・原材料の市場価格、地域別・チャネル別の販売実績、エンドユーザーの商品選好、輸出入関税、港湾・空港関係使用料などの変化もビッグデータとして取り込んでいくことが十分に想定されます。

他方、物流のリソースを情報収集端末として活用する動きも広がりつつあります。アマゾンやザラのように、家や店舗に置かれた機器を通じてエンドユーザーの購買行動をつかもうとする取り組みは今後ますます拡大するはずです。例えば、宅配トラックにセンサーを付ければ、地域の防犯対策や道路交通情報の把握にも役立てられます。宅配ドライバーが経験的に把握している配達先の家族構成や在宅時間、ECの利用頻度などの情報をデジタル化し、匿名化した上で、企業のマーケティングに活用することも考えられるでしょう。

ロジスティクスの範囲を超えたプラットフォーム

トラックや倉庫、工場、エンドユーザーといった荷物の外側にある機能・情報だけではなく、荷物の中味もシェアリングの対象になります。DHLに比肩する規模を有する大手物流会社のUPSは、荷主に代わって製品を製造・出荷する〝3Dプリントサービス〟を開始しました。要は、世界各国にあるUPSの物流拠点に配された

COLUMN

サプライチェーン4.0とは？

ドイツでは、「サプライチェーン4.0」と称する新たな取り組みが展開されています。ユーザーの情報・動向をリアルタイムに把握し、サプライチェーン全体の最適化に活かそうとする考えです。

実のところ、この「サプライチェーン4.0」を実践できている企業は多くありません。2017年、欧州系戦略コンサルティングファームのローランド・ベルガーは、グローバルカンパニーの経営幹部を対象に実態調査を実施しましたが、56%は「自社の需要計画は機能していない」と回答しました。「需要計画のデジタル化を実現できていない」との回答は75%にも上ります。需要を的確に予測し、サプライチェーンやロジスティクスの最適化に活かすことは、世界的にも最先端の取り組みといえるでしょう。

図表 2-4　UPS の 3D プリントサービス

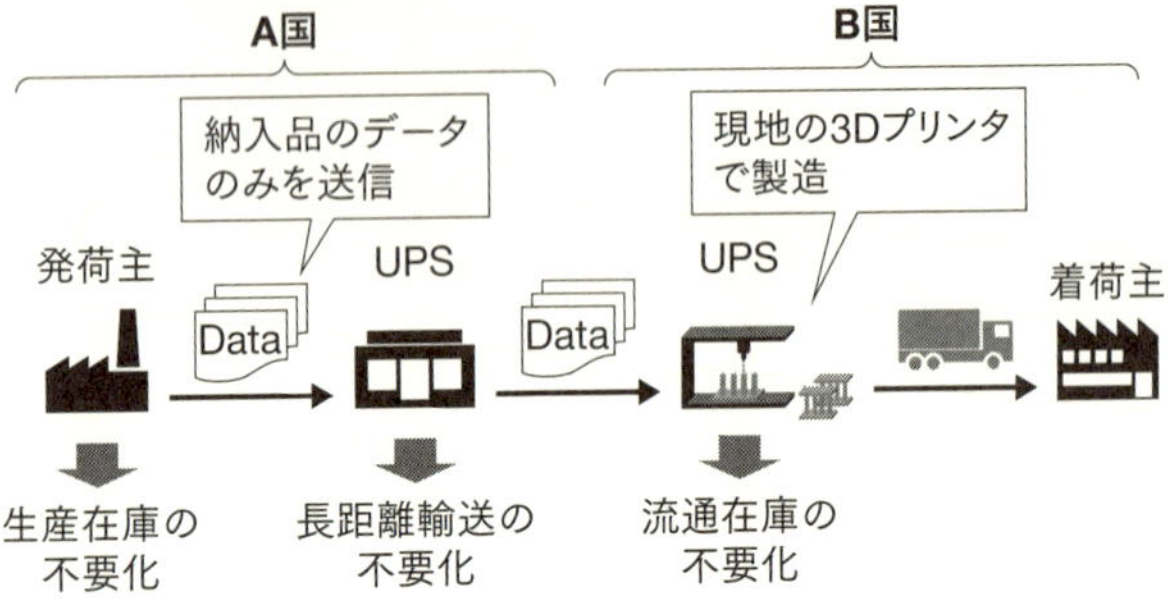

［出所］ UPS の会社発表資料より作成

3Dプリンタを適宜利用できるサービスです。試作品や受注生産品を時折製造しているものの、その頻度は高くなく、3Dプリンタを購入するほどではないという荷主からすれば、製造コストを抑制できる便利なサービスといえます。加えて、その試作品や受注生産品を遠隔地まで輸送しているのであれば、納品先の近くにあるUPSの3Dプリンタを利用することで、より早く、安く届けられることになります（図表2－4）。

　試作品や受注生産品を製造する荷主からすれば、申し分のないサービスといえそうですが、UPSからすると、自社のビジネスに負の影響を与えかねない取り組みです。なぜならば、UPSの取引先がこのサービスを利用すれば、長距離輸送の取扱荷量が減少するからです。それでもなおこのサービスを開始した理由は、誰かがUPSよりも先にこの事業を開始し、デファクトスタンダードの地位を得てしまうことを恐れたからでしょう。先般のDHLと同様、ディスラプティブなビジネスに敢然と挑戦しているわけです。

UPSは、荷物の中味をも取り扱うことで物流の枠に留まらないプラットフォームを作り上げようとしています。ロジスティクス4・0は、IoT、AI、ロボティクスといった次世代テクノロジーの進化と、その活用の拡大を起因とした新たなイノベーションであるがゆえに、物流の周辺業界においても非連続な変化が生じるはずです。だからこそ、ロジスティクスの範囲を超えたプラットフォームを確立する絶好の機会といえるでしょう。

第3章

物流の装置産業化

ロジスティクス4・0は、物流の世界に、省人化と標準化を両輪とした装置産業化をもたらします。「運ぶ」、「荷役する」、「梱包する」、「手配する」といった物流の基本オペレーションは、「人の介在をほとんど必要としないインフラ的機能」にトランスフォーメーションしていくでしょう。それは、次世代のイノベーションを活用した新たな物流ビジネスの創造であると同時に、今まで通りのやり方を続けていくだけでは生き残れない時代が到来することを意味します。「破壊と創造による非連続な成長」は、不可避の近未来と認識すべきです。では、一体何が「破壊」されるのでしょうか。

1つには、属人的なノウハウです。人の介在を必要とするプロセスが減少するということは、今までノウハウとされてきたことが形式知化し、機械やシステムに置き換わっていくことを意味します。もちろん、「新しいサービスを設計する」、「対面でのコミュニケーションを必要とする」、「不測の事態に対応する」といった、人の英知や存在が重要であり続ける領域も残されますが、その範囲は時間とともに小さくなっていくでしょう。

もう1つは、属社的な仕組みです。物流がインフラ的機能になるということは、特定の企業・個人が占有するのではなく、広く共用される存在に変わることを意味します。「経済合理性を優先するなら、自社ならではの物流にこだわるよりも、他社も利用している仕組みに適合した方がよい」という領域が増えていくはずです。

翻って、物流の装置産業化が進むということは、相応の投資が必要となります。労働集約的なビジネスから資本集約的なビジネスに転換するからです。しかしながら、「どのような技術がスタンダードになるのか」、「どの製品・企業が勝ち残るのか」、「どのタイミングでの投資が適切なのか」といった将来展望は全くもって不透明です。それゆえ、現下の状況をもとに安易に判断するのではなく、自社の成長ビジョンを見定めつつ、より中長期の視点から戦略的な意思決定を下すべきです。

1　属人的世界からの脱却

AIやロボットの得意とする領域

ロジスティクス4・0は、AIやロボティクスといった次世代テクノロジーの進化と、その活用の拡大を起因とした新たなイノベーションです。したがって、AIやロボットの得意とする領域では、「属人的世界からの脱却」が先行的に進みます。不得意な領域では、人の英知や存在が重要であり続けるでしょう。では、AIやロボットは、何が得意で、何が不得意なのでしょうか。

ＡＩが得意なことは、「所定のルールをもとに、膨大なデータを迅速且つ正確に処理すること」です。逆にいえば、「自分で何かを創造すること」、「データが十分にない状況下で判断すること」は苦手です。

最先端のロボットにはＡＩが搭載されていますので、ＡＩが得意なこと、不得意なことは、ロボットも同様に得意・不得意です。加えて、人間との対比でいうと、「好き嫌いがない」、「休む必要がない」、「単純作業を迅速かつ正確に繰り返せる」、「膨大な情報を認識・記録できる」といった特長があります。

例えば、ロボットには好き嫌いがないので、荷物が重かったり、臭いがきつかったり、暑かったり寒かったりする現場でも、ロボットの使用条件さえ満たしているのであれば何ら支障はありません。休んだり、食事を取ったり、トイレに行ったりする必要もないので、24時間不眠不休で稼働することも、物流センターの中から一歩も出ずに働き続けることも可能です。単純作業を託しても飽きることはありませんし、ザラで検討されている巡回ロボットのように、施設内の情報をあまねく収集・記録することもできます。まして世界中にある物流リソースの現在情報を吸い上げ、荷主のニーズとマッチングするようなことは、得意中の得意といえます。

つまるところ、物流の基本オペレーションを思い描くに、ＡＩやロボットが不得手とする作業はほとんど見当たりません。トラックを運転することも、物流センターの中で荷物を運んだり、棚から取り出したり、梱包したりすることも、船やトラックや通関業者を手配することも、全てＡＩやロボットが得意とする領域といって差し支えないでしょう。今はまだ認識や動作の精度・速度が低く、その割にコストが高く、ゆえに人間に多くの部分を依存していますが、その範囲は徐々に小さくなっていくはずです。

ＡＩやロボットへの移行は、「ある日を境に全てが変わる」というものではありません。自動運転トラックが普及するといっても、最初は高速道路での隊列走行から始まり、部分的な自動運転を経て、完全自動運転の実現に至ります。一般道路での自動運転が「普通」になるのは、２０３０年代以降になるでしょう。

物流センター内での作業に関しても同様です。ローランド・ベルガーが２０１６年に取りまとめたレポート「Of Robots and Men – in logistics」では、今後15年以内に、欧州の物流センターで働いている作業員の約4割はロボットに代替されると予測しています。実人数に換算すると、１５０万人超の作業員が職を失うという見立てです。欧州の物流業界に相当のインパクトをもたらすことは間違いないでしょう。とはいえ、物流センターでのロボットの活用が日本より5年程度進んでいる欧州でさえ、2030年に至っても過半の作業は人が担うと想定されているわけです。

結局のところ、「属人的世界からの脱却」に至るまでには、長きにわたる「過渡期」が存在します。だからこそ、「過渡期」ならではのAIやロボットにも十分な事業機会がありまず。物流センター内の作業員を支援する機械・システムは、その作業工程が完全にロボット化されたとき、無用の長物となりますが、それは遠い未来の話です。ロボット化が先行的に進む領域、支援ロボットが活用される領域、人が対応し続ける領域を的確に見極め、その方向性に準じた投資を実行することが枢要です。

人間ならではの価値

物流会社や荷主は、技術の進化や実用化の状況に応じてAIやロボットといった次世代の機械・システムを戦略的に活用すべきですが、事業の競争力や継続性を担保するための方策も考えておいた方がよいでしょう。属人的なノウハウを基盤に、「他社よりも早く出荷できる」、「誤出荷が少ない」、「コストが安い」といった強みを有していたとして、その作業を機械・システムに置き換えられるようになったとき、競争優位性を維持することは難しくなります。なぜなら、その機械・システムを導入しさえすれば、他社も同等の強みを発揮できるようになるからです。競争力の源泉であった作業が機械・システムに置き換わる可能性を注意深くウォッチし続けるとともに、機械・システムの活用が広がったとしても失われない自社の強みを獲得・確立すべきです。

AIは、膨大なデータをもとに最適な解を考えることはできても、ゼロから何かを創造することは苦手です。過去の実績や交通状況をもとに最適な輸配送ルートを見出すことはできても、その過程で認識された課題やニーズをもとに、今までにはない物流サービスを考え出すことはできません。様々な機械・システムを組み合わせて、他社にはないビジネスモデルを作り上げれば、持続可能な競争優位となります。

AIは、データが十分にない状況下で判断することも得意ではありません。荷物の出荷元や納品先の反応を伺いながら新しい物流サービスを提案し、具現化していくことは人間ならではの価値といえます。物流サービスの設計力や提案力のある人材・組織を育成することは、ロジスティクス4・0時代にも有効な取り組みといえるでしょう。

最後にもう1つAIが苦手なこととして、不測の事態への対応があります。地震をはじめとする自然災害、パンデミック（感染症の世界的流行）、サイバーテロ（コンピュータネットワークを対象としたテロリズム）といった危機は滅多に発生するものではなく、データが十分にない中で判断を下すことが求められます。物理的な被害により機械・システムが動かなくなる可能性もあります。それゆえ、「最後に頼るべきは人」にならざるを得ません。平常時の基本オペレーションはＡＩやロボットに最大限委ねる一方で、いざというときには人が対応できるよう、「現場の属人的ノウハウを次世代の人材にも伝承しておくこと」、「必要に応じて人を中心としたオペレーションに速やかに切り替えられるようにしておくこと」が重要といえるでしょう。

2 属社的世界からの脱却

物流の外部化

日本では、決算の調整弁や人材の受け皿として物流子会社（親会社への物流サービスの提供を主目的とする機能子会社）を傘下に置く大手荷主が数多く存在しました。２０００年３月期以降、財務諸表の開示が連結決算中心に改められたことで、「選択と集中」を図る企業を中心に物流子会社の切り離しが少しずつ進んだわけですが、物流の装置産業化はこの動きを加速させるでしょう。なぜなら、省人化に対応するためには、機械やシステムに対する相応の投資が必要となるからです。経営効率の向上が問われる中で、物流をコアコンピタンスとする荷主を除けば、物流に対して多額の投資を実行し続けることは困難です。加えて、標準化が進むということは、物流機能を外部化し、標準的な物流管理を受け入れることのコストメリットが高まります。自社ならではの物流にこだわることの経済合理性はますます希薄化するわけです。

現時点で物流の外部化が最も進んだ業界は家電です。厳しい競争環境にさらされていることもあり、家電メーカーや家電量販店の多くは大胆なコスト構造改革を断行してきました。結果として家電業界では生産から小売までの物流の外部化が進みました。いわゆる「電機大手8社」（日立製作所、ソニー、パナソニック、東芝、富士通、三菱電機、日本電気、シャープ）の中で、シャープ以外の7社は一昔前まで物流子会社を有していましたが、その体制を今でも維持しているのは東芝と三菱電機の2社のみです。ヤマダ電機をはじめとする大手家電量販店も、その多くは物流機能を3PL事業者（3rd Party Logistics／荷主の物流業務を包括的に受託し、荷主の立場から物流の最適化を実現する事業者）に包括委託しています。

医薬品も物流の外部化が進んだ業界です。2000年以降、競争のグローバル化により業界再編が進んだこともあり、現在では半数以上の医薬品メーカーが物流機能の包括委託先として3PL事業者を活用しています。アパレルや化粧品といった競争環境が厳しく、複数荷主間での混載が容易な業界は総じて同様の状況にあります。

物流機能の統合

物流の外部化は、「物流子会社の売却」を伴うことが少なくありません。その引き受け手となる3PL事業者は、特定の業界をターゲットに、M&Aで物流子会社を獲得すれば、一気にシェアを高められます。実際、大手総合物流会社の日本通運と三井倉庫ホールディングスは、家電業界で複数の物流子会社をグループ化し、国内での寡占的地位を得ることに成功しました。

他方、医薬品業界に関しては、「物流子会社の売却」ではなく、親会社が物流機能を3PL事業者に包括委託することで外部化が進みました。大手総合物流会社の三菱倉庫と日立物流、大手医薬品卸のスズケンは、3PL事業者として医薬品メーカーをターゲットに物

図表 3-1　国内における物流子会社の主な売却事例（2010 年以降）

売却年	親会社	物流子会社	買収企業	備考
2010年	三洋電機	三洋電機ロジスティクス	ロングリーチグループ	100%の株式を取得、2012年に三井倉庫に売却
2011年	DIC	DICロジテック	日立物流	90%の株式を取得
	ホーマック	ダイレックス	日立物流	90%の株式を取得
2012年	トヨタ	TASエクスプレス	三井倉庫	45.5%の株式を取得
2013年	コニカミノルタ	コニカミノルタ物流	DHL	事業譲渡により継承
	日本電気	NECロジスティクス	日本通運	49%の株式を取得、2014年に所有比率を51%に変更
2014年	パナソニック	パナソニックロジスティクス	日本通運	66.6%の株式を取得
	JSR	JSR物流	日本トランスシティ	60%の株式を取得
	岩谷産業	岩谷物流	センコー	一部事業譲渡により継承
2015年	ソニー	ソニーサプライチェーンソリューションズ	三井倉庫ホールディングス	66%の株式を取得
	日本電産	日本電産ロジステック	丸全昭和運輸	100%の株式を取得
	アシックス	アシックス物流	丸紅ロジスティクス	100%の株式を取得
2016年	オンワードホールディングス	アクロストランスポート	センコー	100%の株式を取得
2018年	リコー	リコーロジスティクス	SBSホールディングス	66.7%の株式を取得

［出所］　各社発表資料より作成

流機能の包括受託を戦略的に拡大し、国内では他社を圧倒するシェアを有しています。

食品、飲料、化学といった、今はまだ多くの大手荷主が物流機能を社内に抱えている業界においても外部化に向けた動きが生じつつあります。食品業界では、味の素、カゴメ、日清オイリオグループ、日清フーズ、ハウス食品グループ本社の5社の物流機能を統合し、味の素の物流子会社である味の素物流を存続会社とした全国規模の物流会社を設立することが発表されました。飲料業界では、アサヒ、キリン、サッポロ、サントリーの4社による共同物流が着実に拡大しています。化学業界においても、三井化学、出光興産、東レ、JSR、プライムポリマー、三井・デュポンポリケミカルの6社による共同物流が開始しました。これらの共同物流に関する取り組みは、物流機能の更なる外部化に向けた契機となるでしょう。「属社的世界からの脱却」は、既に現実のものとなりつつあるわけです。

3 戦略的投資の重要性

資本集約型ビジネスにおける勝者の要諦

物流とは元来労働集約的なビジネスです。トラックや鉄道の出現、フォークリフトやコンテナ船の普及、WMSやTMSといったシステムの活用により、1つの荷物を運ぶために必要な人間の工数は減りました。労働生産性は間違いなく上昇したわけですが、荷物の輸送量・距離と、人間の投入工数が比例する構造は変わっていません。長距離トラックの輸送量・距離は、1台あたりの積載量が変わらない限り、ドライバーの投入工数に準ずるわけです。

自動運転トラックが実用化すれば、この状況が一変します。人間の投入工数には関係なく、トラックの台数さえ増やせば、荷物の輸送量・距離を伸ばせるようになります。AIによるマッチングが普及すれば、稼働効率が向上し、1台あたりの積載量も増えるでしょう。

物流センターでの作業も同様です。全ての作業が完全にロボット化すれば、作業員の投入工数を増やさずとも入出荷量の増加に対応できるようになります。一時的に物流センターを利用したい荷主と、空きスペースのある物流センターをマッチングするサービスの活用が広がれば、ロボットの稼働効率が向上し、総入出荷量を増やすことができます。

つまり、今までの物流ビジネスでは、荷量の増減に応じて人間の投入工数を柔軟に変えることが収益を最大化するための必須要件でした。だからこそ、「元請」となる大手の物流会社は、繁閑の差に対応するために中小の運送会社や作業会社を「下請」として活用し、現場での属人的・属社的対応により個別最適を実現してきたわけです。物流業界は重層下請構造の典型例といえるわけですが、労働集約型の産業であるがゆえの必然の帰結といっても過言ではありません。

装置産業化は、この業界構造の根底を覆すことになります。労働集約型から資本集約型への一大転換を果たすことになるからです。自動運転トラックやロボット、マッチングシステムといった次世代の物流機械・システムに戦略的に投資し、他社に先駆けて新しい技術を事業化し、ビジネスモデルを確立し、デファクトスタンダードの地位を得ることが勝者の要諦となります。この「ゲームチェンジ」に的確に対応できなければ、淘汰の荒波にさらされることでしょう。

では、どのような機械・システムを投資の対象とすべきでしょうか。このシンプルな問いへの正しい「解」を見出すことは、簡単ではありません。なぜなら、「どのような技術がスタンダードになるのか」、「どの製品・企業が勝ち残るのか」、「どのタイミングでの投資が適切なのか」といった将来展望を正確に予測することは、誰にもできないからです。

ＲＦＩＤ vs 画像認識システム

ＲＦＩＤは、サプライチェーンの効率化を実現する上で有用なツールといえるでしょう。しかしながら、現状の単価水準では、サプライチェーンの管理に余程のコストを費やしている商品や、製造から販売までの全ての工程で効率化効果を享受しやすいＳＰＡ（Speciality Store Retailer of Private Label Apparel／製造小売業）でない限り、ＲＦＩＤタグを使い捨てすると投資対効果を得られません。ゆえに、ボッシュのように、コンテナやパレットといった繰り返しでの使用を前提とした物流資材に取り付けて使用することが一般的です。

一方で、ＲＦＩＤタグの単価は、生産量の加速度的増加、材料・プロセス技術の高度化などにより大幅に下落しました。かつては１００円を超える金額であったものが足元では10円を切りつつあります（図表３－２）。２０１７年３月、世界最大規模の総合印刷会社であり、ＲＦＩＤの実用化でも世界をリードする大日本印刷は、２０２０年までに単価を５円以下、２０２５年には１円のＲＦＩＤタグの実現を目指すと発表しました。同年４月、経済産業省は、コンビニ各社との合意のもと、「特殊な条件がない商品に貼付する普及型の電子タグの単価が１円以下になっていること」を条件に、「２０２５年までに、セブン‐イレブン、ファミリーマート、ローソン、ミニストップ、ニューデイズは、全ての取扱商品（推計年

図表 3-2　RFID タグの単価（イメージ）

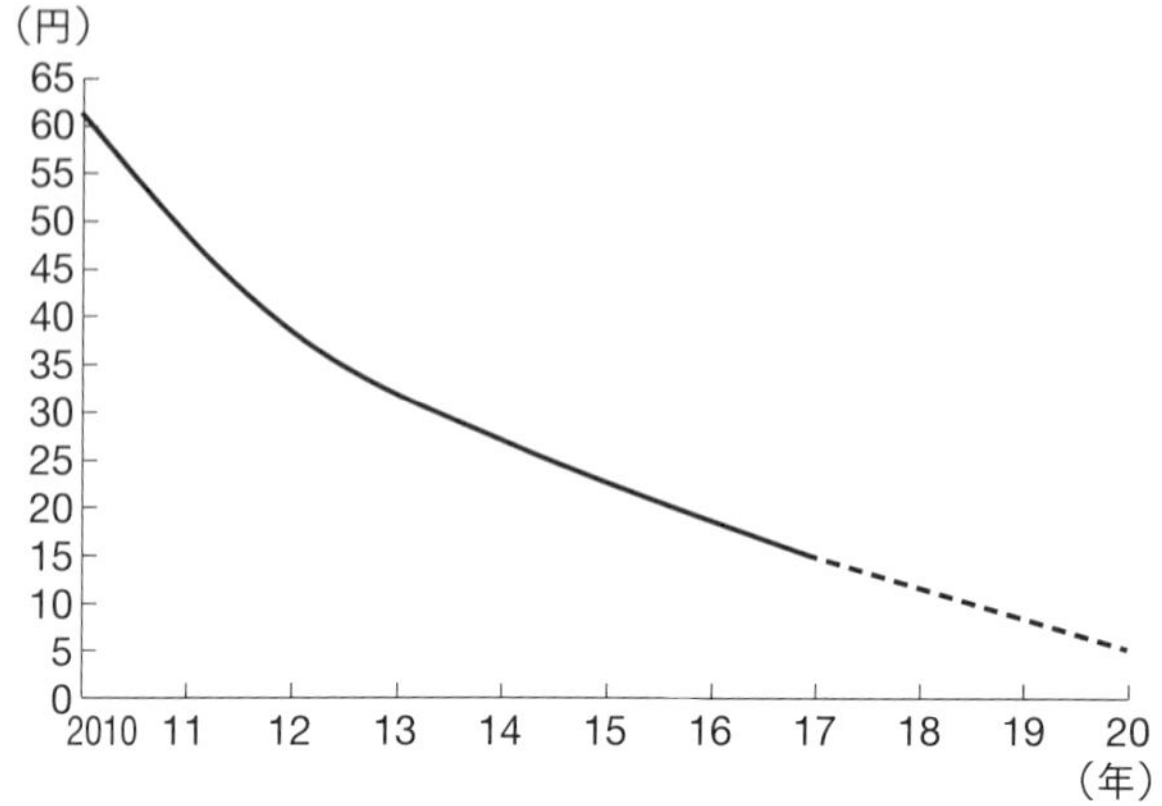

［出所］各社発表資料より推計

１０００億個）に電子タグを貼り付け、商品の個品管理を実現する」ことを核とした「コンビニ電子タグ１０００億枚宣言」を策定しました。

単価が１円を切ったとき、ＲＦＩＤタグはバーコードのように使い捨てされる存在になるでしょう。その利便性の高さを認識するに、ＲＦＩＤタグでの管理が一気に一般化する可能性もあります。

第一に、ＲＦＩＤは一度に複数のタグを非接触通信で読み取れます。バーコードのように、１枚１枚スキャンする必要はありません。カゴの中に入っている複数の商品を一度に確認できるので、レジでの生産性は飛躍的に高まります。店の出入口にタグを読み取る

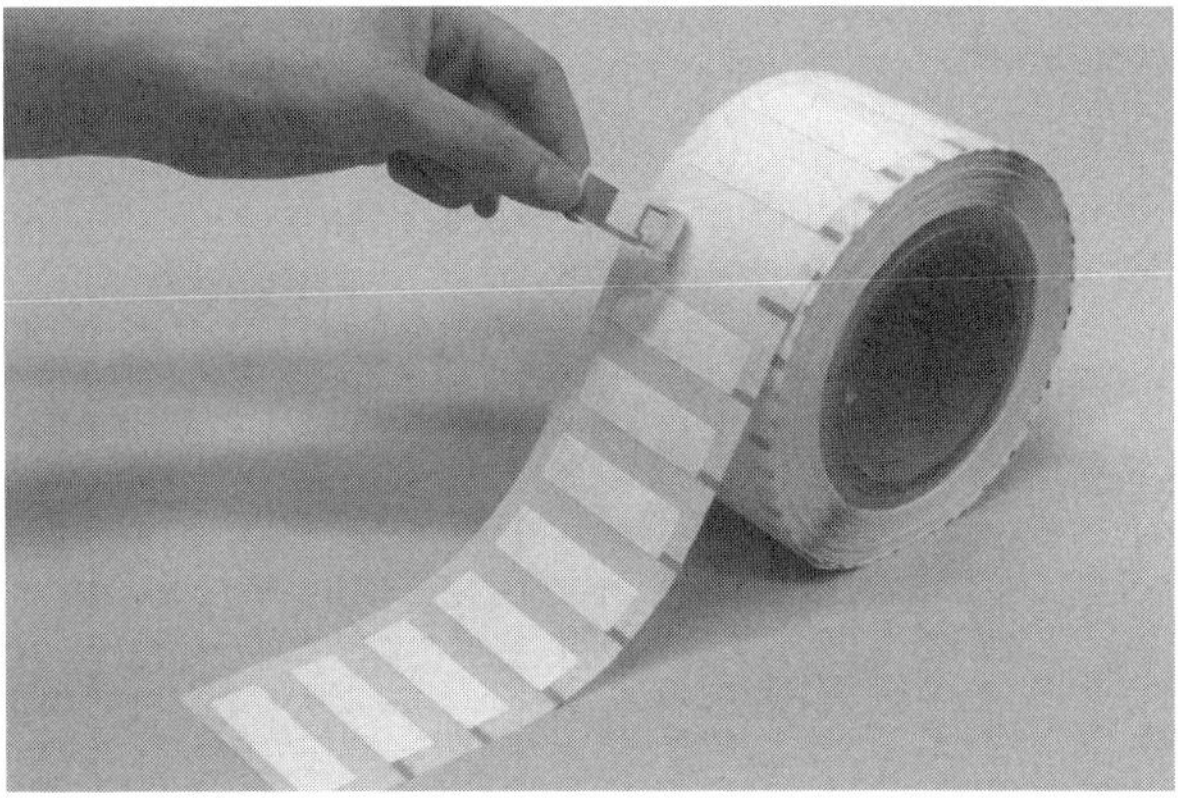

RFID タグの例（写真提供：富士通フロンテック株式会社）

ことのできるゲートを設置し、決済システムと連動させれば、そもそも「レジでの精算」というプロセスを解消できるかもしれません。店を出るとき、自動で精算されるので、万引きもなくなります。

棚卸や検品での生産性も顕著に向上するでしょう。商品が置かれている棚にリーダーをかざせば、そこにある商品を一度に確認できます。ダンボールの中に入っている商品も、フタを開けて中から取り出す必要はなくなります。

記憶容量がバーコードよりもはるかに大きく、データを書き込めることも特長です。コンビニのように大量の商品を取り扱う企業においても、SKU単位（Stock Keeping Unit

／商品の種類を最も細かく分類したときの単位）ではなく、商品個体ごとに異なるコードを付与できるので、異物の混入や汚染・腐敗といった事故が発生したとき、リコールの対象となる商品の絞り込みや原因の追及が容易になります。食品で使用されるようになれば、トレーサビリティの向上により食の安全性も高まるでしょう。

では、ＲＦＩＤタグの単価は、いつ1円を切るのでしょうか。コンテナやパレットといった物流資材にタグを付けても、ロット単位でしか管理できません。タグでの個体管理が一般化したとき、物流資材に取り付けたタグやそのタグを読み込むためのリーダーは不要となります。大日本印刷や経済産業省の構想通り、２０２５年に1円を切るのであれば、最初から使い捨てを想定した仕組みの導入を検討すべきかもしれません。

他方、1円を切るようになるまでには、まだ多くの時間を要すると考える識者も少なくありません。中には、1円を切ることは不可能と述べる識者もいます。その通りであると判断するのなら、物流資材にタグを付けることでの効率化を検討すべきでしょう。つまるところ、ＲＦＩＤタグの単価の推移をどう見立てるか次第で、投資の方向性は大きく変わるわけです。

実は、ＲＦＩＤには有力な代替ソリューションが存在します。カメラやセンサーを組み合わせることで実現される画像認識システムです。画像認識の精度・速度が格段に向上したとき、RFIDタグは必要でしょうか。ウォルマートでは、物流センターでの在庫の棚卸にドローンを活用していますが、商品の場所や数量は画像データで把握しています。無人コンビニのアマゾン・ゴーも、RFIDタグを使うことなくレジレスを実現しています。画像認識では、カゴや箱の中に入っていたり、折り重なったりしている商品の数量を把握することはできませんが、逆にいえば、RFIDに期待されるその他の機能のほとんど全てを代替可能です。そして、RFIDタグを貼るという追加のコストは発生しません。複数の企業間での共通利用を可能とするための規格化や普及に向けた仕組みの構築も必要ありません。そう考えると、画像認識システムが先んじて一般化したとき、RFIDは「時代の徒花《あだばな》」になる可能性さえあるでしょう。

サプライチェーンの効率化を図る企業からすると、「商品個体にタグを付けるのか」、「物流資材にタグを付けるのか」だけではなく、「タグなのか」、「画像認識なのか」も投資の意思決定を左右する重要論点となります。価格のみならず、認識の精度や速度も適正に評価した上で、経済合理的に正しい判断を下すことが肝要です。

加えて、仮に、経済合理的には全ての商品にタグを貼ることが正しいとの判断を下せたとしても、その業界に属する大半の企業が画像認識システムの活用を選択したとすれば、RFIDを使うことの価値は大幅に減少します。アマゾン・ゴーのような仕組みがいち早く普及し、グローバル・スタンダードになってしまえば、経済産業省の「コンビニ電子タグ1000億枚宣言」でさえ掛け声倒れになるリスクがあるわけです。VHSとベータマックスで争われたビデオテープの規格戦争のように、初期の技術的優位がデファクトスタンダードの地位を得るための必須要件ではなく、かつ、一度その地位が確立されてしまえば簡単には揺るぎません。ロジスティクスの世界における「次世代のVHS的存在」を的確に見極めることが重要といえるでしょう。

自動運転トラック vs 隊列走行

トラックの自動運転化にも同様の難しさがあります。遠い将来、全てのトラックが自動運転になることは間違いないでしょう。しかし、その変化が生じる時期を正確に予測することは誰にもできません。

国土交通省は、2022年に隊列走行を商業化するとの目標を掲げています。国土交通省の計画通りに進めば、高速道路の主要なインターチェンジには無人隊列走行されてきたトラックを待つドライバーのための待機所が整備され、トラックとドライバーをマッチングする新しいビジネスが出現するでしょう。完全自動運転が実現したとしても、その範囲が高速道路に限定されるのであれば、無人走行されてきたトラックと、一般道路を運転するドライバーをマッチングするビジネスは必要であり続けるはずです。

では、一般道路でも完全自動運転が可能となったとき、このマッチングビジネスの市場性はどうなるでしょうか。あらゆる道路でトラックが勝手に動くのであれば、ドライバーとのマッチングは不要となります。すなわち、このインターチェンジを接点としたマッチングビジネスは、隊列走行が商業化されてから一般道路での完全自動運転が実現するまでの「過渡期」がターゲットになります。その期間を長いと見るか、短いと見るかによって、潜在的な市場規模も、十分な競争力を確保するために必要な投資額も変わってくるわけです。

人を必要としない機械・システム vs 人の作業を支援する機械・システム

物流センターのロボティクス化に関していえば、倉庫ロボットや無人フォークリフトといった「人を必要としない機械・システム」の実用化・普及時期をいつ頃と考えるかどうかで投資の方向性が変わります。投資対効果を得られるようになるまでにはまだ時間がかかると判断するのなら、追従運搬ロボット、パワードスーツ、ウェアラブルシステムといった「人の作業を支援する機械・システム」の導入を検討すべきでしょう。

その判断は、対象とする荷物や作業プロセス、入出荷量、施設規模などによって変わります。「箱に入っている商品のピッキング作業」、「ピーク時の入出荷量は平常時の2倍以下」、「区画面積は2000㎡以上」、「作業員数は100人以上」、「作業員の時給は1000円以上」、「今後5年以上の継続利用を想定」といった条件を広く満たせば、今すぐに「人を必要としない機械・システム」を導入しても相応の投資対効果を見込めます。その反対もまたしかりで、機械・システムに代替させにくい荷物・作業も存在します。「人を必要としない物流センター」が徐々に増えていくのかもしれませんが、1つの物流センターの中で、「人を必要としない機械・システム」と、「人の作業を支援する機械・システム」と、「人」が併存し、その割合が少しずつ変化していくような未来も想定しておいた方がよさそうです。

現状を「是」とせずに判断することの枢要性

機械・システムの開発・活用を検討するにあたり特に重要なのは、今の作業手順を「是」としないことです。アマゾンの物流センターで働いている棚搬送型ロボットは、「作業員が棚まで出荷する商品を取りに行くプロセス」を「ロボットが棚ごと商品を運んでくるプロセス」に変えることで、人からの代替を成し遂げました。ムジンが完全自動化を支援した京東商城の物流センターにある自動梱包機は、「商品の大きさに適したダンボールの箱に入れる」のではなく、「商品の大きさに合わせてダンボールの箱を生成する」ことで、作業の高速化と、大きすぎる梱包の解消を実現しています。人が作業していたときの手順をそのまま機械・システムに置き換えようとすると、過大なコストを要したり、かえってリードタイムが長くなったりすることが間々あります。機械・システムならではの作業手順を考え出すことも、ロボティクス化の実現に向けた1つのイノベーションといえるでしょう。

物流のビジネスモデルを根底から見直すことも重要です。顧客からの依頼に徹底的に対応することを基本方針とする物流会社は、その顧客の荷物を広くあまねく取り扱おうとするわけですが、全く逆の発想で、特定の大きさ、形状の荷物だけを取り扱うという考え方もあるはずです。荷物の大きさや形状が固定化すれば、「人を必要としない機械・システム」の活用も容易になります。「この大きさ、形状の荷物であれば、入出荷料や保管料を相場の半額にします」といって、広く多くの顧客を集めることも可能ではないでしょうか。

「人を必要としない機械・システム」の多くは、商品の大きさや形状をカメラやセンサーで把握します。だからこそ、その精度・速度の向上に多額の資金を投じているわけですが、荷物として取り扱う商品の製造メーカーから３Ｄデータをもらえれば、商品を取り出したり、置いたりすることが容易になるはずです。技術の水準次第では、研究開発よりも商品の３Ｄデータを事前に受領できるビジネススキームを構築することに、より多くの資金を投下すべきかもしれません。

個別の技術に注目し、その実用性を見極めることも大事ですが、技術の進化自体が本質的な目的ではないことに留意すべきです。ロジスティクスの最適化を実現するにあたって、その技術を活用することが将来的にも有効であるのなら、必要十分な投資を実行すべきです。代替ソリューションが存在するのなら、中長期の視点からより有望な投資の方向性を選択すべきです。その比較検討を行う際には、作業手順やビジネスモデルのあり方を変えることも考慮すべきでしょう。

4　未来を「創造」することの価値

先進プレイヤーの描いた未来

戦略的な投資を実現する上で、一番の難題は「未来は誰にもわからない」ということです。ロジスティクスを取り巻く事業環境の変化、新たな技術の開発と実用化、取引先や競合企業の動向をつぶさに観察し、機を見るに敏な対応を実行できたとして、厳密には「後追い」に過ぎません。それでいて、投資対効果を厳正に見極めようとするなら、相応の実績を踏まえた判断が必要となります。ロジスティクスをコストセンターと割り切るなら、「後追い」で事足りるかもしれませんが、新たな価値を生み出そうとするのなら、未来を「想像」し、少しでも成功確率の高い方向に、他社に先立って歩を進めることも必要でしょう。

２０１４年、欧州有数の物流・鉄道会社であるドイチェ・バーン（Deutsche Bahn）は、世界最大のトラックメーカーであるダイムラー、欧州最大の応用研究機関であるフラウンホーファー（Fraunhofer）とともに、２０３０年の物流の世界を描いたレポート「Vision of the Future：Transportation and Logistics 2030」を取りまとめました。本レポートでは、

2030年に向けて、「①システムの統合化」、「②交通管理の最適化」、「③自動運転の実用化」、「④鉄道輸送の効率化」、「⑤輸送・荷役の低音化」、「⑥コンテナのモジュール化」、「⑦共同配送の拡大」、「⑧労働環境の改善」、「⑨環境性の向上」の9つの変化が起きることを予測しています（図表3－3）。2030年という少し先の未来を対象としていることもあり、「ビッグデータの活用による交通渋滞の解消と定時到着性の向上」、「自動運転の普及による輸送コストの低減と交通事故の減少」、「荷物や物流リソースの現在情報をリアルタイムトレースすることでの稼働の最大化」など、かなり先進的かつ画期的な展望が記されています。

2015年、DHLと、世界最大のコンピュータネットワーク機器メーカーであるシスコ（Cisco）は、IoTによる物流の進化を予測したレポート「Internet of Things in Logistics」を発表しました。2025年までの10年間でIoTが生み出す経済価値は8兆ドル、「ロジスティクスとサプライチェーンの革新」はそのうちの1・9兆ドルを占めると予測しています（図表3－4）。同レポートは、2025年をターゲットとしていることもあり、「RFIDタグとウェアラブルシステムを組み合わせて使用することでの庫内オペレーションの効率化」、「GPSやセンサーの活用拡大によるロケーション管理の高精度化」、「モニタリングシステムの普及によるダウンタイムの縮小」、「運転・操舵の部分的自動化による輸送コストの

図表 3-3　2030 年に向けた 9 つの将来シナリオ

①システムの統合化	Integrating systems to enable goods in transit to be monitored and managed in real time
②交通管理の最適化	Using infrastructure efficiently with intelligent traffic guidance systems
③自動運転の実用化	Safe and efficient transportation with driver assistance systems
④鉄道輸送の効率化	Optimizing processes with intelligent freight cars
⑤輸送・荷役の低音化	Low noise levels in city logistics with alternative propulsion and new logistics concepts
⑥コンテナのモジュール化	Using capacity efficiently with modular container design for small transport volumes
⑦共同配送の拡大	Consolidating transport volumes with multimodal integration of different modes of transport
⑧労働環境の改善	Modern work environments to make the logistics industry more appealing
⑨環境性の向上	More environmentally friendly transportation with alternative vehicle and propulsion technologies

［出所］ ドイチェ・バーン、ダイムラー、フラウンホーファー
「Vision of the Future : Transportation and Logistics 2030」

図表 3-4　2025 年までの 10 年間で IoT が生み出す経済価値

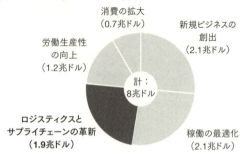

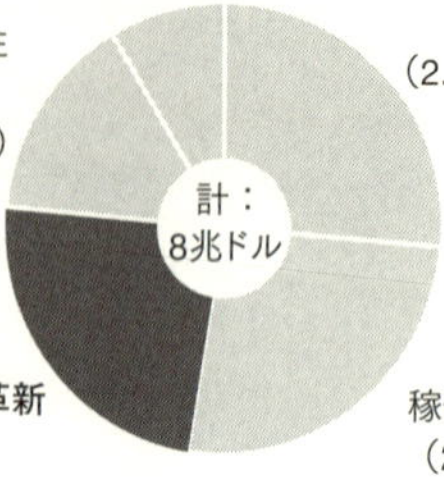

［出所］ DHL、シスコ「Internet of Things in Logistics」

低減」など、「Vision of the Future : Transportation and Logistics 2030」と比べて相対的により現実感のある内容となっています。

ロジスティクスの未来を予想したレポートは様々な組織・機関から発表されています。これらのレポートを見ることで、未来を「想像」し、新たな物流ビジネスを具体化していくことも有効でしょう。

世界観を示すことの意味

一方で、考えるべきは、なぜ、ＤＨＬはシスコとともにレポートを作成したのかということです。おそらくは、物流ビジネスにおいてコンピュータネットワークを活用することの重要性が格段に高まるとの認識を有しているのではないでしょうか。ＤＨＬは、様々な物流会社のシステムと接続し、統合管理できるプラットフォームの開発を進めています。物流のオペレーティングシステムの提供を通じて、新たな価値を創出・提供しようとしているわけです。シスコとともに発表した「Internet of Things in Logistics」は、その世界観を示すものといえるでしょう。

では、なぜ、ドイチェ・バーンは、ダイムラーやフラウンホーファーとともにレポートを出したのでしょうか。おそらくは、ロジスティクス4・0時代において基盤となる次世代物流インフラを構築・提供したいとの考えによるものと推察します。それゆえ、ドイツの物流・鉄道会社であるドイチェ・バーンは、ドイツのトラックメーカーであるダイムラーと、ドイツで産学官連携の基盤的機能を担うフラウンホーファーとともに将来の絵姿を描いたのです。「Vision of the Future : Transportation and Logistics 2030」は、ドイツにおいてロジスティクス4・0を実現しようとする世界へのメッセージともいえるでしょう。

しからば、DHLやドイチェ・バーンは、未来を「想像」し、その世界観を書き記すことだけを目的にレポートを作成・発表したのでしょうか。おそらくは、未来を「想像」するだけではなく、そのビジョンを明示することで、未来を「創造」しようとしているのです。

畢竟《ひっきょう》するに、パラダイムシフト的な変化が起きつつある中で、どれほど丁寧に未来を「想像」したところで、その通りの現実が到来する可能性は高くありません。あらゆる事態を

「想定」したつもりでも、必ずや「想定外」の事態が起きるでしょう。であれば、自らが目指す未来を「創造」し、その実現に向けて世界を変えていくことも一考ではないでしょうか。変化の流れに乗るのではなく、自ら変化を起こすのです。DHLやUPSは、自らの既存事業を破壊しかねないディスラプティブなビジネスにチャレンジしていますが、まさにロジスティクス4・0時代を見据えた創造的取り組みといえるでしょう。

未来を「創造」する上で、ビジョンを示すことの最大の価値は、

COLUMN

省人化と標準化はどちらが先に進むのか？

省人化を自動運転、標準化をマッチングと考えるのなら、トラック運送ではマッチングビジネスが先行的に普及するでしょう。自動運転の実用化には、技術的な問題の解決だけではなく、法律や自動車保険制度の見直しなども必要となるからです。

他方、物流センターでは省人化が先行的に進んでいます。物流機械・システムの活用は着実に広がっているのに対して、従来型の不動産仲介を除いたマッチングの事業規模は微々たるものです。昔から水屋がいたこともあり、トラック運送では「トラックを都度利用すること」が珍しくありませんが、「物流センターを都度利用すること」は一般的とはいえません。

ターゲットとする領域では、省人化と標準化のどちらが先行するのかを的確に見極め、その時間軸に即したビジネスモデルを描くことが重要といえるでしょう。

その世界観に共感・共鳴する人々、企業を広く多く集められることにあります。ドイチェ・バーンやＤＨＬは、レポートの発表を通じて、広く多くの人々、企業からのアプローチを受けたのではないでしょうか。それこそが真の目的だったのかもしれません。

一個人・一企業では、未来を「想像」することはできても、「創造」することはできません。だからこそ、ビジョンを描いて、共に未来を「創造」する「仲間」を得ることは、ロジスティクス４・０時代を勝ち抜くためのキーストラテジーといえるでしょう。

第4章

物流会社の勝ち残りの方向性

ロジスティクス4・0は、物流ビジネスに破壊的なインパクトをもたらします。属人的なノウハウと、属社的な仕組みを基盤とする労働集約的なビジネスモデルから脱却できなかった物流会社は、生存競争から脱落することになるでしょう。進化論を提唱したチャールズ・ダーウィン（Charles Darwin）は、『生き残る種とは、最も強いものではない。最も知的なものでもない。それは、変化に最もよく適応したものである。』との名言を残しましたが、装置産業化への適応は物流の世界で勝ち残るための必須の要件と考えるべきです。

では、どのような勝ち残りの方向性があるでしょうか。物流会社として資本集約的なビジネスへの転換を果たそうとするのなら、いずれかの領域においてプラットフォーマーとしての地位を獲得すべきです。物流サービスの種類・提供地域、あるいは、荷主の業界・業種を切り口にマーケットをセグメンテーションし、ターゲットとする事業領域でスケールメリットの最大化を図ることが肝要です。大局的見地から寡占的地位を主体的に獲得することが戦略の基軸となります。

他方、装置産業化が進むからといって、全てがスケールメリットの追求を基軸とした戦い方に変化するわけではありません。物流での事業基盤をベースに、新たな価値を提供するような勝ち残り方も考えられます。「物流会社でありながら物流以外のオペレーションサービ

図表 4-1　物流会社の勝ち残りの方向性

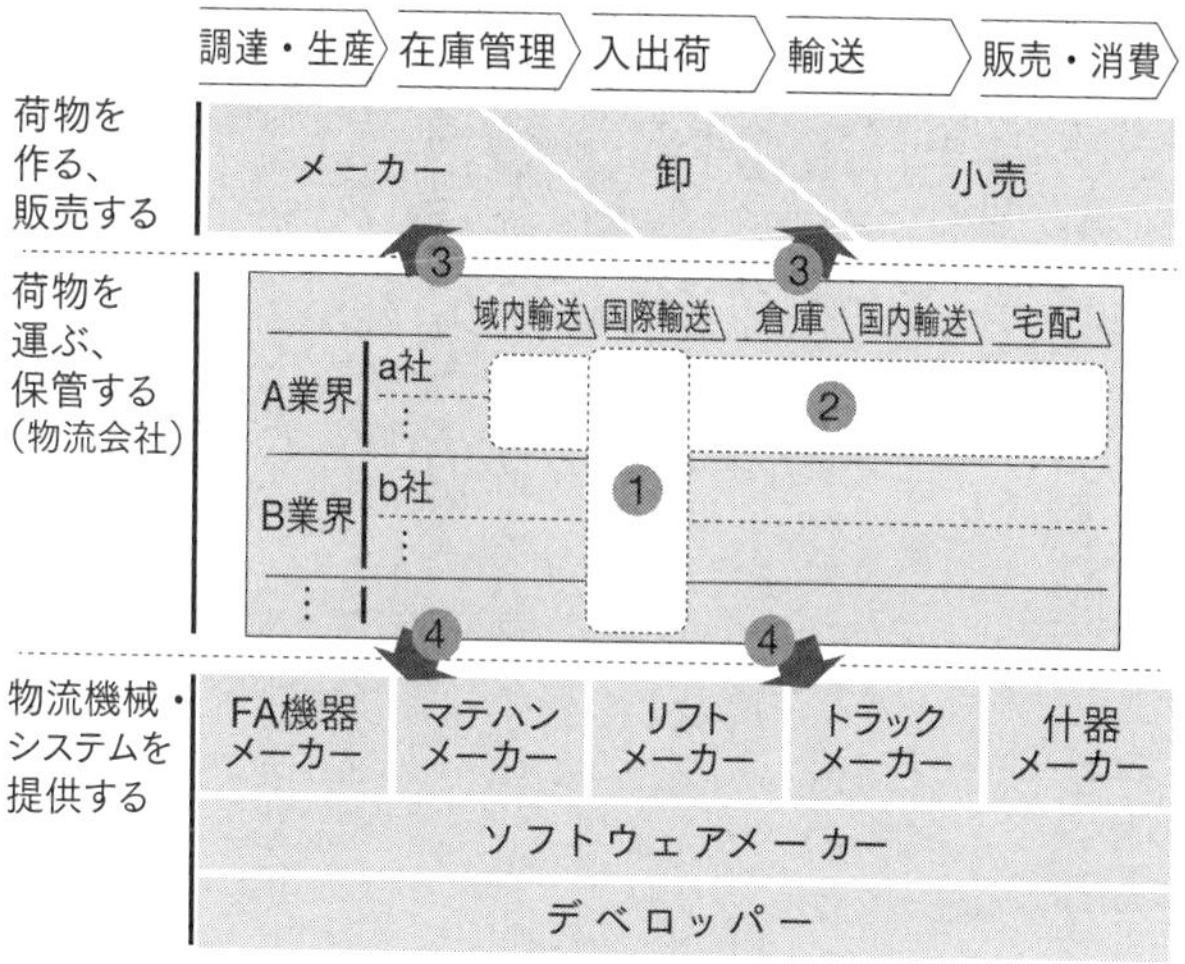

1　物流サービスを核としたロジスティクスプラットフォーマー
2　荷主業界を核としたロジスティクスプラットフォーマー
3　物流＋αのオペレーションアウトソーサー
4　物流機械・システムのインテグレーションサプライヤー

スをも提供する」、もしくは、「物流会社としてのビジネスを基盤に機械・システムを提供する」といった価値の拡大を指向する戦略をとれば、事業規模以外の勝ち筋を見つけやすいはずです。物流ビジネスの範囲を超えることを企図した戦い方といえるでしょう。

1　物流サービスを核としたロジスティクスプラットフォーマー

特定の物流サービスで寡占的地位を獲得した物流会社

物流会社のビジネスを考えるにあたり、物流サービスの種類や提供地域は、事業領域をセグメンテーションする有効な切り口となります。3PL事業者なのか、フォワーダーなのか、海運会社なのか、運送会社なのか、倉庫会社なのかによって、必要な物流リソースは変わってきます。地域によって、物流サービスに対するニーズも異なります。したがって、特定の物流サービスを核に、ターゲットとする地域において広く多くの荷主・荷物を獲得し、事業規模の拡大を図ることは、極めて当を得た戦略といえます。

実際、特定の物流サービスで特異なポジションを築き、寡占的地位を得ることに成功した物流会社は、強固な競争優位を確立しています。エーアイティー（AIT）は、日本の中堅フォワーダーですが、中国から日本への海上輸送に関しては国内屈指の取扱量を有しており、海運会社から最安値の運賃を引き出すことができます。それだけではなく、上海、青島、香港といった中国主要港からの日本への航路では、自社のコンテナを最後に積む権利も得ています。

コンテナ船に積まれるコンテナは「後入れ先出し」です。大型のコンテナ船は積み下ろしに数時間を要するため、最後に積まれたコンテナは積み込みから積み出しまでのリードタイムが1日程度短くなります。中国・日本間の海上輸送のように、全体のリードタイムが短い航路の場合、この「1日短縮の価値」は無視できません。

休日での販売が売上の多くを占める小売チェーンは、土日の販売実績をもとに商品を注文し、次の土曜日の朝までには店頭に補充したいと考えます。発注先が日本から遠く離れた北米や欧州であるのなら、海上輸送だけで10日以上を要するため、土日の販売実績をもとに注文をしても、次の土曜日には到底間に合いません。ゆえに、「数週間分の在庫を国内に確保する」、もしくは、「高額な航空輸送を利用する」のいずれかを選択することとなります。それが中国からであれば、海上輸送でも次の土曜日の朝までに店頭に補充できます。但し、場所によっては、かなりギリギリのタイミングになるでしょう。そのとき、エーアイテイーの「1日短縮の価値」が大いに発揮されます。よしんば他社の海上輸送より値段が高くとも、国内に在庫を抱えたり、航空輸送を利用したりするよりは確実に安価です。エーアイテイーは、この特異なポジションで寡占的地位を得ることにより、売上高が300億円にも満たない規模でありながら、営業利益率は6－7％を超える高水準を継続しています。

日本で求貨求車サービスを提供するトランコムも寡占的地位を得ることに成功した企業といえるでしょう。他社に先駆けて求貨求車システムを構築し、従来の水屋にはない圧倒的な取扱件数と、今まで通りの人を介したコミュニケーションで競争優位を確立しました。トランコムの求車求貨サービスでの売上高は、2002年度からの15年間で約8倍に増加し、2017年度には800億円近くになっています。トランコムの全社の売上高は約1400億円ですので、現在では求貨求車システム事業が収益の柱になっているわけです。

翻って、日本において最も装置産業化が進んだ物流サービスは宅配便です。ラストワンマイルの現場は依然労働集約的ですが、集荷から配達に至るまでのプロセスは完全に仕組み化されており、あらゆるサービスメニューに定価が存在します。ヤマト運輸、佐川急便、日本郵便の3社合計でのシェアは90％を優に超えますが、資本集約的なビジネスに転換したからこその寡占化といえるでしょう（図表4－2）。

ヤマト運輸の持株会社であるヤマトホールディングスは、「止めない物流」を実現すべく、陸海空のスピード輸送と、24時間365日稼働の付加価値機能を一体化した国内最大級の物流ターミナル〝羽田クロノゲート〟の建設に1400億円を投じるなど、次世代物流施

図表 4-2　宅配便取扱個数（2017 年度）

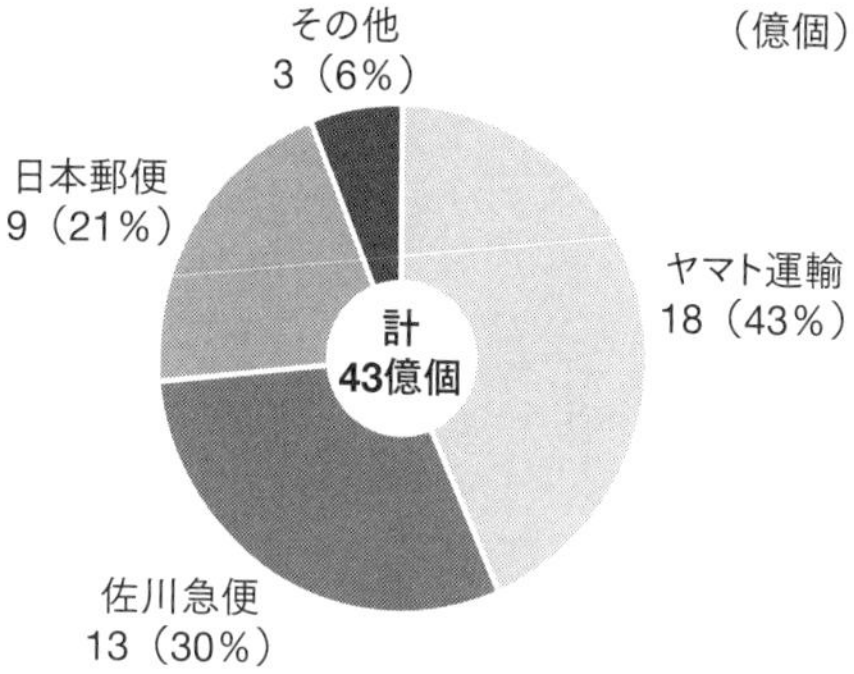

［出所］ 国土交通省「宅配便取扱個数」

設・システムの開発・導入に積極的に取り組んでいます。２０１７年９月に発表された中期経営計画「KAIKAKU 2019 for NEXT100」では、２０１７年度から２０１９年度までの３年間で計３５００億円の投資を実行することが謳われています。装置産業化に適応するための大胆な投資を戦略的に実行できているといえそうです。

物流サービスを仕組み化することの重要性

物流の装置産業化が進めば、ほとんど全ての物流サービスは宅配便のように定型化・定額化していくことになるでしょう。属人的・属社的世界からの脱却により「人や会社によるオペレーションの差」は限りなく小さくなります。ロジスティクスに関する様々な機能・情報がつながるようになります。そうなれば、物流会社を選択するにあたって、その都度、相見積を取り、現場のオペレーションを確認し、保管・荷役場所や輸送手段を指定するような必要はなくなるはずです。特別な取扱・対応を必要としない大半の荷主は、宅配便のように、定型化・定額化された物流サービスの中から最適なものを選択すればよくなります。逆にいえば、物流サービスをいち早く仕組み化し、プラットフォームとして確立することに成功した物流会社は、その領域における第二のヤマト運輸になれるはずです。

今後の技術革新を見据えるに、ＩｏＴの進化と活用の拡大は視野に入れておくべきでしょう。足元では、荷主と物流リソースをデジタルマッチングするビジネスが立ち上がりつつあります。「荷物を運んでもらいたい荷主や元請会社」と「帰り荷を確保したい運送会社」のマッチングだけではなく、「一時的に倉庫を利用したい荷主」と「空きスペースのある倉庫の保有者」、「スーパーマーケットやレストラン」と「消費者」と「空いている時間に仕事をしたい一般個人」など、その組み合わせは多岐にわたります。フレックスポートをはじめとするデジタルフォワーダーの事業規模は着実に成長しています。ＤＨＬが開発に取り組んでいるロジスティクスプラットフォームも、荷主と物流会社をつなぐポータルシステムと捉えられます。

これらのデジタルマッチングの普及は、物流会社の事業環境に多大なインパクトをもたらすでしょう。1つには、今まで人海戦術でマッチングサービスを提供していた既存のプレイヤーは深刻な脅威にさらされるということです。既存のフォワーダーは、デジタルフォワーダーの存在を過小評価すべきではありません。加えて、デジタルマッチングは人手での対応を最小化したビジネスモデルであり、規模の経済性が強く働くので、物流サービスの種類や提供地域ごとに寡占化すると考えるべきです。荷主は寡占的地位を得ることに成功した事業者を介して物流業務を委託するようになるでしょう。

極論すれば、物流サービスを仕組み化し、広く多くの荷主・荷物を取り扱うことに成功した一部特定の「ロジスティクスプラットフォーマー」のみが高収益を獲得し、荷主との直接接点を失った大多数の物流会社は下請的存在になります。物流会社からすれば、ロジスティクス4・0による事業環境の変化は大いなるリスクであると同時に、飛躍的な成長を実現するまたとない好機とも捉えられるはずです。

「ロジスティクスプラットフォーマー」を目指すにあたり、足元での売上の多寡、資金の有無、事業規模の大小は制約にはなりません。実際、国内外の数多くのベンチャーがこの千載一遇の機会を捉えようとしています。宅急便を開始した頃のヤマト運輸の売上高は500億円にも満たなかったわけですが、定型・定額のサービスを設計し、運ぶ荷物と地域を拡大し、ネットワークを仕組み化し、戦略的な投資を実行することで、1兆円を大きく上回る規模にまで成長しました。ロジスティクス4・0による変化を看過せず、物流サービスとしての目指す姿を具体的に創造し、その実現に向けた戦略を愚直に実行すれば、「ロジスティクスプラットフォーマー」への進化を成し遂げることも十分に可能なはずです。

2 荷主業界を核としたロジスティクスプラットフォーマー

特定の荷主業界で寡占的地位を獲得した物流会社

「ロジスティクスプラットフォーマー」としてのターゲット領域の特定には、もう1つの切り口があります。それは、荷主の業界・業種をセグメンテーションの基準とする方法です。荷主の業界・業種が異なれば、取り扱う荷物も、荷物の数え方も、使われる用語も変わります。反対に、業界・業種が同じであれば、荷物の扱い方や発地・着地の場所などが共通していることも多いです。特定の業界・業種をターゲットに事業規模の拡大を図ることは、物流会社からして定石の戦略といえるでしょう。

三井倉庫ホールディングスは、旧三洋電機の物流子会社と、ソニーの物流子会社を買収することにより、家電業界で寡占的地位を得ることに成功しました。その最大の特長は、家電メーカーのみならず、家電量販店の物流をも広く取り扱っていることにあります。複数の家電メーカーの製品を同一の物流センターに保管し、納品先である家電量販店の物流センターまで同一のトラックで共同配送すれば、オペレーションの効率性が向上します。それは家電量販店に関しても同様です。さらに、複数の家電量販店の商品を同一の物流センターに保管し、ブランドの異なる複数の店舗に共同配送することで、荷役作業の生産性やトラックの積載率を高めています。

三井倉庫ホールディングスは、これらの共同保管・配送に加えて、家電メーカーと家電量販店の在庫の置き場を同一にすることでの物流コストの削減にも取り組んでいます。家電メーカーと家電量販店のいずれもが三井倉庫ホールディングスの物流センターを在庫の置き場としていれば、家電メーカーの物流センターから家電量販店の物流センターに製品を輸送する必要がなくなります。注文を受けた製品の所有名義を変更するだけでよくなるからです。輸送コストだけではなく、トラックに荷物を積み込んだり、降ろしたりする作業コストも不要になります。家電業界において、メーカー物流と小売物流の双方ともに高いシェアを有する三井倉庫ホールディングスならではの取り組みといえるでしょう。

医薬品業界においても類似の動きが見られます。スズケンは大手医薬品卸であり、卸物流において高いシェアを有しますが、医薬品メーカーの物流業務を受託する3PL事業者としても上位3社の一角を占めます。つまり、家電物流における三井倉庫ホールディングスと同等のプレゼンスを持っているわけです。この特長を活かし、メーカー物流と卸物流の双方のターミナル機能を同一の物流センターに集約することでの効率化を図ると同時に、メーカーから最終納品先である医療機関までの一気通貫での高品質な製品管理を実現しています。三井倉庫ホールディングスやスズケンは、特定の荷主業界において「ロジスティクスプラットフォーマー」の地位を獲得しつつあるといえそうです。

物流の装置産業化は、属社的世界からの脱却、ひいては物流の外部化を進展させます。食品、飲料、化学といった、今はまだ多くの大手荷主が物流機能を社内に抱えている業界でも外部化への動きが生じつつあります。特定の荷主業界をターゲットに、「ロジスティクスプラットフォーマー」としての地位を得たいと考えている3PL事業者からすれば、絶好のビジネスチャンスが到来したといえるでしょう。

装置産業化が進んだ世界で、寡占的地位を得られるプラットフォーマーは3－4社程度です。コンビニ（セブン-イレブン、ファミリーマート、ローソンの3社）、携帯電話キャリア（NTTドコモ、KDDI（au）、ソフトバンクの3社）、食品卸（三菱商事系、伊藤忠商事系、国分系の3陣営）、医薬品卸（メディパルホールディングス、アルフレッサホールディングス、スズケン、東邦ホールディングスの4社）はその典型といえます。物流においても、寡占化が進んだ家電物流（日本通運と三井倉庫ホールディングスの2社）、医薬品物流（三菱倉庫、日立物流、スズケンの3社）、宅配便（ヤマト運輸、佐川急便、日本郵便の3社）は同様の状況にあります。つまり、上位3―4社に入れなければ勝ち残れないわけで、M&Aをはじめとする戦略的な投資も視野に、大胆な経営判断を下すことも必要でしょう。

効率・品質の向上だけではない価値を提供することの重要性

特定の業界・業種において、調達・生産から小売・消費までのサプライチェーン全体を対象に、広く多くの荷主・荷物を取り扱えるようになったとき、「ロジスティクスプラットフォーマー」は物流の効率・品質の向上だけではない価値を提供できるようになります。例えば、物流機能の提供を通じて、ある商品の店舗での販売が爆発的に増えつつあることをリアルタイムに認識できれば、メーカーにその情報を伝達し、生産量を速やかに増やすことで、欠品の発生を回避できるかもしれません。店舗の形態や地域による売れ行きの差を把握できれば、広告・販促を強化すべきチャネルや地域を提案できるはずです。店舗での販売は堅調だったとしても、納品先である卸・小売の物流センターで在庫が増えつつあるようなら、その情報の共有を通じて生産量や出荷量の適正化に貢献できるでしょう。

もちろん、物流機能の提供を通じて把握した情報を活用するにあたっては、荷主との契約に抵触しないことが前提となります。その範囲において、どのような価値を提供することができそうか、その可能性を模索すべきです。一方で、荷主との契約を見直すことで、今ある情報をより多目的に活用することも考えられます。あるいは、荷主から追加的な情報を得ることで、より多様なサービスを提供できる可能性もあります。荷主であるメーカーにとっても、卸・小売事業者にとってもメリットのある仕組みを提案することで、より多くの協力を得られるようにすることが重要です。

素材・部材メーカー、サプライヤー、セットメーカー、一次・二次・三次卸、小売事業者などが階層的に多数存在する垂直統合度の低い業界・業種で、サプライチェーン全体の最適化を図ることは容易ではありません。サプライチェーンのプロセスが階層ごとに分断されているからです。「SPAのようにサプライチェーン全体を自社化できていない」、「素材・部材メーカーやサプライヤーは完成品の販売動向を把握していない」、「個別店舗での販売状況はメーカーに共有されていない」からこそ、全体最適を追求することが難しいわけです。過剰在庫や廃棄ロス、欠品、在庫の再配置といったムダが発生する1つの原因といえるでしょう。

つまるところ、特定の荷主業界を核とした「ロジスティクスプラットフォーマー」の存在価値は、調達・生産から小売・消費までのサプライチェーン全体をつなぐことにあるといっても過言ではありません。階層の壁を越えて、物流だけではなく、情報をもつなぐ仕組みを構築できれば、垂直統合度の低い業界・業種においても全体最適を実現しやすくなります。寡占的地位の獲得による勝ち残りを果たした先の未来として、サプライチェーン全体の最適化に必要な機能を統合的に提供する「ロジスティクスプラットフォーマー」への進化を成し遂げられれば、「経済の血脈」としてより大きな社会的価値を創造できるはずです（図表4―3）。

図表 4-3　サプライチェーン全体をつなぐことの価値

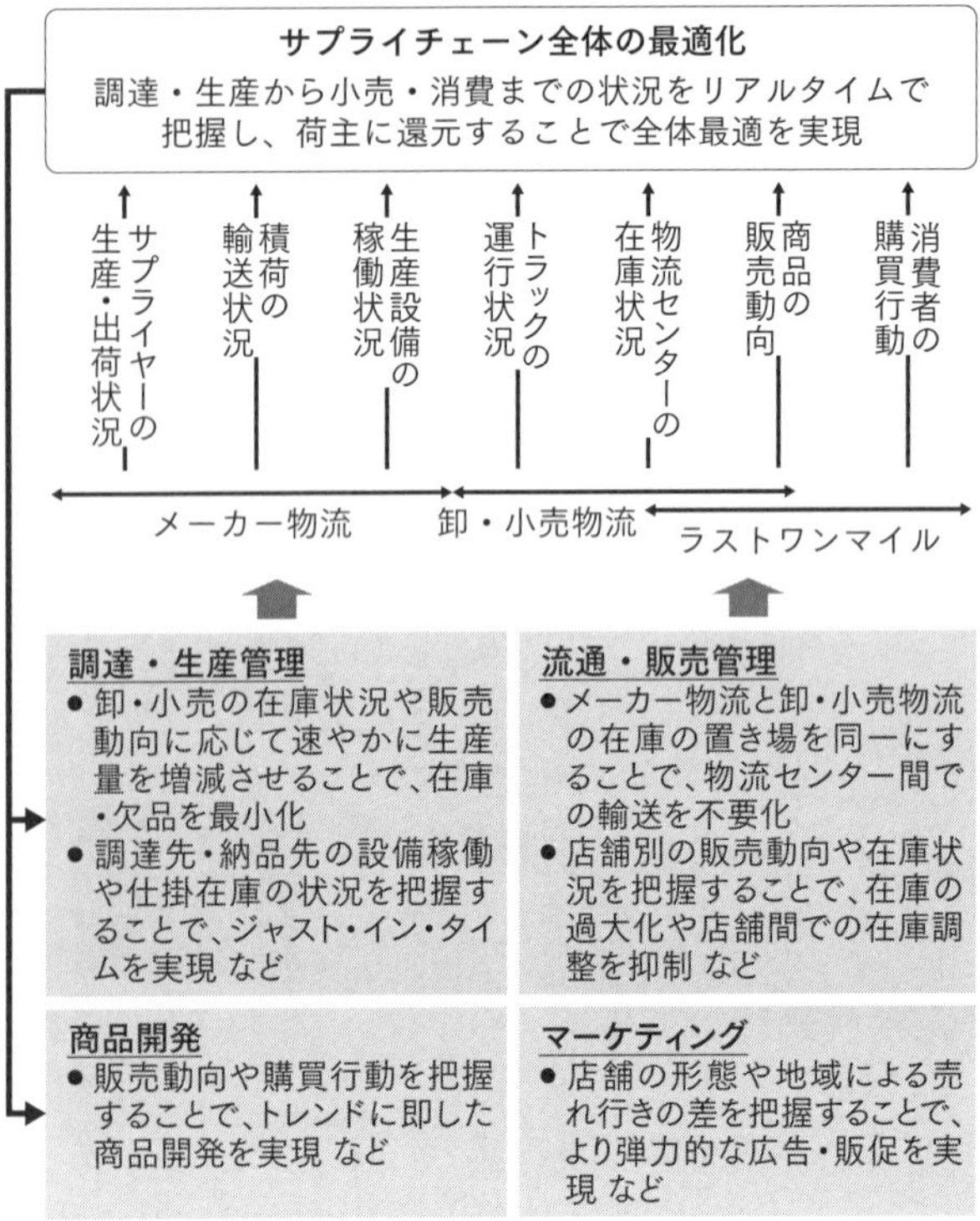
サプライチェーン全体の最適化
調達・生産から小売・消費までの状況をリアルタイムで把握し、荷主に還元することで全体最適を実現
サプライヤーの生産・出荷状況
積荷の輸送状況
生産設備の稼働状況
トラックの運行状況
物流センターの在庫状況
商品の販売動向
消費者の購買行動
メーカー物流
卸・小売物流
ラストワンマイル
調達・生産管理
● 卸・小売の在庫状況や販売動向に応じて速やかに生産量を増減させることで、在庫・欠品を最小化
● 調達先・納品先の設備稼働や仕掛在庫の状況を把握することで、ジャスト・イン・タイムを実現 など
流通・販売管理
● メーカー物流と卸・小売物流の在庫の置き場を同一にすることで、物流センター間での輸送を不要化
● 店舗別の販売動向や在庫状況を把握することで、在庫の過大化や店舗間での在庫調整を抑制 など
商品開発
● 販売動向や購買行動を把握することで、トレンドに即した商品開発を実現 など
マーケティング
● 店舗の形態や地域による売れ行きの差を把握することで、より弾力的な広告・販促を実現 など

3 物流＋αのオペレーションアウトソーサー

物流＋αの価値を創造した物流会社

物流の装置産業化を見据えるに、「ロジスティクスプラットフォーマー」としての地位を獲得し、もってスケールメリットを最大限得ようとする戦略は理に適っています。他方、装置産業化が進むからといって、全てが規模の経済性を基軸とした戦い方に変化するわけではありません。特定の荷主に対して、「物流会社でありながら物流以外のオペレーションサービスをも提供する」ことができれば、独自の存在価値を発揮できるでしょう。調達・生産から小売・消費までのサプライチェーンの全体像を俯瞰し、相応の潜在需要があって、自社ならではの価値を提供可能な領域を見出せれば、勝ち残りの未来を創造できるはずです（図表４－４）。

国内有数の総合物流会社である山九は、顧客である鉄鋼メーカー、化学メーカー、機械メーカーの物流機能を担うだけではなく、プラントを建設する際の企画・設計、プラント機器・配管・構造物・搬送設備の調達・製作と現地への輸送、現地での据付工事などにも対応

図表4-4　物流＋αの方向性（例）

山九	物流 ＋ プラントの建設・操業・管理・保全支援
鴻池運輸	物流 ＋ 製品の製造支援
近鉄エクスプレス	物流 ＋ 輸出入者代行／購買代行
ジェンコ	物流 ＋ 返品・滞留在庫の再販売（早期資金化／ブランド価値毀損リスクの低減）
ヤマトロジスティクス	物流 ＋ 製品の回収・検査・洗浄・メンテナンス代行
アルバト	物流 ＋ 資料の現地語化／流通チャネルとのコミュニケーション／問い合わせへの対応

［出所］　各社発表資料より作成

しています。プラントの建設後には、プラントに運び込まれる原料・部品やプラントから出荷される製品の輸送機能を提供することは無論のこと、構内物流や操業支援、施設・設備の管理・保全・改修なども行います。しかも、日本やアジア、北米、欧州といった、日系物流会社が馴染みのある地域のみならず、中東や南米でも豊富な実績を有します。つまり、顧客であるメーカーからすれば、プラントの建設・運用に関するオペレーションをトータルで相談できるわけです。山九は、この特異なポジションを築くことで、安定的な成長と高収益を実現しています。

大手総合物流会社の鴻池運輸は、顧客であるメーカーの製造業務も請け負っています。例えば、食品工場では、原料の受入や製品の保管・出荷といった物流業務のみならず、原料の調合、容器へのラベルの圧着、製品のパッケージング、設備の点検なども行っています。同様に、化学品工場では、原料・製品の検査、特殊焼却炉や樹脂製造設備の運転管理などにも対応しています。「物流＋製造」で自社の存在価値を高めることに成功した物流会社といえるでしょう。

国内有数のフォワーダーである近鉄エクスプレスは、同社が便宜上の輸出入者となる輸出入者代行サービスや、輸出企業の商品を買い取って納品先である輸入企業から代金の支払を受ける購買代行サービスを提供しています。これらのサービスを利用すれば、非居住者企業（輸出者・輸入者となる、権限のない企業）でも輸出入が可能となるだけではなく、双方の在庫を削減できます。関連書類の保管や税関調査時の対応といった手間のかかる業務からも解放されます。「物流＋商流」で荷主の負担を軽減するサービスを創造した事例といえるでしょう。

米国の３ＰＬ事業者であるジェンコ（ＧＥＮＣＯ）／現フェデックス・サプライチェーン（FedEx Supply Chain）も「物流＋商流」で自社ならではの価値を提供しているプレイヤーです。同社は、返品されたものを回収し、必要に応じて返金処理を行うとともに、通常商品やアウトレット商品として再販売可能なものを選別した上で、再梱包・再出荷する、リバース・ロジスティクスをコアビジネスとしています。元々はその作業を代行するだけでしたが、現在では返品されたものを買い取るサービスも提供しています。荷主からすれば、再販売の手間を解消できるだけではなく、早期に資金を回収できます。他方、ジェンコからすると、安値で買い取り、高値で販売できれば、物流サービスを提供しただけのときよりも多くの利益を得られます。リバース・ロジスティクスの最大手であり、返品されたもののマーケットプライスを一番よく知っているジェンコであればこそのビジネスモデルといえるでしょう。

ジェンコは、2015年に、DHLやUPSと伍《ご》する大手物流会社のフェデックス（FedEx）に買収されました。そして、買い取った商品を中国などの新興国で売るようになりました。米国を中心にグローバルでの物流ネットワークを有するフェデックスからすると、新興国との国際間輸送は常に輸入超で、米国発のコンテナには空きスペースがあったため、新興国に輸送することでの追加の費用はほとんど必要としません。対して、荷主からすると、自社の販売拠点のない新興国での再販売となれば、ブランド価値の毀損リスクを低減できます。ジェンコはフェデックスの傘下に入ることで、荷主に新たな価値を提供できるようになったわけです。

近来、ジェンコは、返品されたものだけではなく、滞留在庫の買い取りも行っています。クリスマスシーズンを経て売れ残った在庫を引き取り、旧正月に向けて商品を買い付けている中国の事業者に再販売することで高収益を得ています。もはやリバース・ロジスティクスを核とした物流会社ではなく、返品や滞留在庫の早期資金化と適正処理を提供価値とした商社的存在にトランスフォーメーションしたといえるでしょう。

ヤマトホールディングスのグループ会社であるヤマトロジスティクスは、インプラント、カテーテル、人工臓器、内視鏡といった医療機器を、販売・貸出主であるメーカーに代わって一括管理するローナー支援サービスを展開しています。メーカーからの指示に応じて当該の機器を出荷・配送するだけではなく、回収・検査・洗浄・メンテナンスといった管理業務にもワンストップで対応しています。自前の設備・人材を持たずに済むこと、回収・検査・洗浄・メンテナンスが1つの拠点に集約されることで在庫の数量と再出荷までのリードタイムを削減できること、ヤマトグループの物流ネットワークを利用することでより迅速な配送が可能になることなどを訴求ポイントとする「物流＋管理」のアウトソーシングサービスといえるでしょう。

ドイツのメディア・コングロマリットであるベルテルスマン（Bertelsmann）のグループ会社で、オペレーションアウトソーサーのアルバト（Arvato）は、物流会社としての一面も持ち合わせています。１９５０年代に出版物の保管・配送サービスを開始し、家電、家具、玩具、化粧品、食品、飲料などに取り扱いを拡大してきました。アルバトの特長は、物流機能の提供のみならず、取扱説明書やパンフレットの現地語化、流通チャネルとのコミュニケーション、エンドユーザーからの問い合わせなどにも対応しているところにあります。欧州での販売を最小限のリソース投入で実現・維持したいと考えている事業者からすれば、必要なオペレーション機能をトータルで確保できるわけです。実際、同社のサービスは日系の大手消費財メーカーにも利用されています。「物流＋ローカライゼーション」で自社ならではのサービスモデルを創出することができた事例といえるでしょう。

「物流会社間でのパイの奪い合い」ではない事業の拡大

「物流＋αのオペレーションアウトソーサー」として独自の価値を提供することに成功したプレイヤーの多くは、必ずしも目指す姿からのトップダウンアプローチで新たなビジネスモデルを構築したわけではありません。荷主からの様々なリクエストに真摯に対応し続けた結果として、「物流＋α」のアウトソーシングサービスを創造するに至ったケースも少なくないのが実情です。この現実を踏まえるに、「物流＋α」での勝ち残りを目指すのであれば、物流の範囲を超えたニーズにも前向きに取り組み、新たな価値の創出につなげていくことが重要といえます。

一方で、特定の荷主からのリクエストに個別対応するだけでは、事業機会を能動的には拡大できません。その都度、オーダーメイドで「物流＋α」のサービスを一から設計するとなると、手間もかかりますし、戦略的な投資を実行することも難しくなります。ゆえに、ターゲットとする領域において、複数の荷主に共通するニーズを特定し、ある程度の汎用性を有した基本サービスを設計・構築することで、「物流＋α」の価値を確立することが枢要です。他社に先駆けて事業化し、参入障壁を築くことで、先行者利益の最大化を図るべきでしょう。

例えば、山九は、プラントの設計やメンテナンスといった特別な技能を有する人材を採用・育成すること、プラント機器・配管・構造物・搬送設備を製作可能な工場を自社で運営することで競争優位を構築しています。鴻池運輸は、製造機能を担える人材の採用・育成だけではなく、各種の製造認可を得ることで、「物流＋製造」の業務範囲を拡大することに成功しました。近鉄エクスプレスやジェンコは、「物流＋商流」のサービスを先駆的に事業化し、より多くの取引情報を蓄積することで、代金の回収や返品の再販売におけるリスクを的確に把握するとともに、そのリスクに即した適切なプライシングを実現しています。ヤマトロジスティクスやアルバトは、＋αのサービスを提供するために必要な設備投資の実行を通じて、他社にはない価値を訴求できた事例といえるでしょう。

とどのつまり、「物流＋αのオペレーションアウトソーサー」として勝ち残るための要諦は、「後の先」を制することにあります。「物流＋α」のサービスを開始したきっかけは荷主からのリクエストにあったとしても、個別対応に終始するのではなく、その先にある潜在需要を察知し、戦略的な投資を通じてサービスモデルを先行的に創造することが肝要です。

＋αの価値を能動的に拡大し、物流以外での収益を増やせば、物流の装置産業化による影響を受けにくくなります。「ロジスティクスプラットフォーマー」を目指した場合と比べて、「事業規模は小さくとも高収益」という勝ち筋を見つけやすいはずです。加えて、日本のように物流市場が成熟化した国においても、「物流会社間でのパイの奪い合い」ではない事業の拡大を実現できます。物流会社でありながら、物流の範囲を超えた存在になる。「物流＋α」ではなく、物流も提供機能の１つに過ぎない「オペレーションアウトソーサー」に発展的に進化し、新たなビジネスを創出できれば、物流の事業環境に左右されない成長を成し遂げられるはずです。

4　物流機械・システムのインテグレーションサプライヤー

機械・システムの外販で収益機会を拡大した物流会社

これまで、物流の現場では様々な機械・システムが活用されてきました。トラックやコンテナ船といった輸送機械だけではなく、自動倉庫やコンベヤといったマテハン機器、ＴＭＳやＷＭＳといった物流管理システムなど、多様な機械・システムが存在します。その多くは、各種の機械メーカー、ソフトウェアメーカーによって開発・製造されているわけですが、物流会社によって自社開発されたものも存在します。そして、一部の物流会社は、その自社開発した機械・システムを外販することで応分の収益を得ています（図表４－５）。

大手総合物流会社のセイノーホールディングスは、子会社であるセイノー情報サービスを通じて、自社開発した物流管理システムを外販しています。その最たる特長は、ほとんど全

図表 4-5　自社開発した物流機械・システムの外販（例）

セイノーホールディングス（セイノー情報サービス）	物流管理システム
山九（インフォセンス）	物流管理システム
クワイエット・ロジスティクス（ローカス・ロボティクス）	協調型ロボット

［出所］各社発表資料より作成

てのシステムをオンプレミス（自社内設備での情報システムの運用）のみならず、クラウドサービスでも提供しているところにあります。近年、物流業界でもクラウドサービスの利用が広がっています。セイノーホールディングスの子会社であるがゆえに、物流業界において幅広いネットワークを有するセイノー情報サービスは、この変化を先んじて捉えることで、クラウド型物流管理システムの先駆者となることに成功しました。企業間物流に関して国内最大の取扱量を有するセイノーグループのデータセンターを活用することで、クラウドサービスのコスト競争力を高めているところもポイントといえるでしょう。

セイノー情報サービスが提供する物流管理システムの多くは、セイノーグループで実際に使用されているものであり、ユーザビリティが十分に配慮されています。例えば、同社のTMS〝クラウド・アスピッツ（CLOUD ASPITS）〟は、物流会社の配送管理者、トラックドライバー、発荷主（荷物を発送する荷主）、着荷主（荷物を受け取る荷主）が必要とする機能をトータルで提供しているので、情報の共有にかかる手間や問い合わせを削減できます。スマートフォンやタブレットでの配送管理が可能であるため、新規に端末を購入したり、取り付けたりするコストを要しません。ドライバーにはスマートフォンやタブレットを介して配送地点までの最適ルートが案内されるので、配送先が急に増えたり、経験の浅い人を充てたりしても、配送の効率・品質を担保できます。

同社のWMS〝クラウド・スリムス（CLOUD SLIMS）〟は、入出荷、在庫管理、検品、梱包、送り状印刷といった庫内オペレーションの効率化、品質の向上に資する種々の運用機能を提供しています。ロットナンバーやロケーションの管理を柔軟に組み替えられるだけではなく、マテハン機器やハンディターミナルシステムとの連携も可能です。複数拠点の統合管理、在庫や作業員の配置分析といった運営機能も備えています。物流の現場をよく知っているセイノーグループであるからこその豊富な機能性といえるでしょう。

山九も、子会社であるインフォセンスを通じて、WMSを中心とした物流管理システムを外販しています。同社のWMS〝ジザイア（ZIZAIA）〟の特長は、導入先企業の特性に応じて自在にカスタマイズできるところにあります。賞味期限や色・サイズといった特定の業界・業種でのみ必要とされる商品管理機能を組み合わせられるだけではなく、在庫型と通過型、BtoBとBtoCの混在にも対応できます。導入先の要件に合わせて端末の操作画面レイアウトを変えることも可能です。物流センターの運営に関して広範な実績を有する山九グループならではの可変性といえそうです。

インフォセンスは、親会社の山九と同様、顧客からのリクエストに対応する過程で、事業領域を拡大してきました。現在では、RFID、ハンディターミナル、音声認識端末といった先進システムの導入も支援しています。人事・給与・就業管理、情報セキュリティ対策、BIツール（Business Intelligence Tool／企業内に蓄積された大量のデータを経営の意思決定に活用するシステム）やRPA（Robotic Process Automation／定型的な事務作業を自動化するシステム）の活用といった、物流に直接関係しないソリューションの開発・提供も行っています。システムの外販を通じて、山九グループの多角的成長に貢献しているといえるでしょう。

米国のフルフィルメントプロバイダーであるクワイエット・ロジスティクスは、ピッキングプロセスの労働生産性を高めるため、元々棚搬送型ロボットのキバを使用していました。ところが、2012年にキバの開発・製造元であるキバ・システムズがアマゾンに買収され、キバは門外不出となります。かかる状況に対し、クワイエット・ロジスティクスは、人手に頼った従来のオペレーションに戻すのではなく、他社から別のロボットの供給を受けるのでもなく、独自のロボットを開発する道を選びました。その結果として、スピンオフでローカス・ロボティクスを設立し、協調型ロボットのローカス・ボットを実用化するに至ったわけです。アマゾンがキバ・システムズを買収していなければ、ローカス・ボットが開発されることもなかったかもしれません。

ローカス・ボットは、現在までのところ、世界で最も使用されている協調型ロボットです。シックス・リバー・システムズ、フェッチ・ロボティクス、HRGといったロボットの開発・製造をコアビジネスとするメーカーよりも多くの導入実績を得ています。技術的な差異はさておき、導入のしやすさ、ユーザビリティの高さが選ばれる理由です。ピッキングの現場を熟知し、なおかつ、棚搬送型ロボットを使用していた経験も有するクワイエット・ロジスティクスならではの製品特性といえるでしょう。

「物流会社製」であることの価値

セイノーホールディングス（セイノー情報サービス）、山九（インフォセンス）、クワイエット・ロジスティクス（ローカス・ロボティクス）は、いずれも「物流会社としてのビジネスを基盤に機械・システムを提供する」ことで新たな成長を実現したといえます。物流の世界において、IoT、AI、ロボティクスといった次世代テクノロジーの活用が今後ますます拡大することを考えれば、機械・システムを開発・製造することでの事業機会も増えるはずです。「物流機械・システムのインテグレーションサプライヤー」になることでの成長のポテンシャルは大きいと考えるべきです。

物流機械・システムの開発・製造となると、「高度な技術力を有したメーカーでなければ手に余る」との見方もあるかもしれません。確かに、トラックやコンテナ船といった輸送機械、自動倉庫に代表される各種のマテハン機器は、専業のメーカーによる開発・製造が主となっています。しかしながら、次世代テクノロジーの活用となると、その様相を異にします。最先端のテクノロジーであればあるほど、誰も使ったことがありません。消費財のように、使用方法が簡単だったり、直感的に使えたりするようなものではありません。現場に導入し、オペレーションに組み込んで、相応の投資対効果が出なければ、あるいは、投資対効果があると思われなければ、誰も買ってくれません。「機械・システムとしての性能が高ければ売れる」というものではないのです。ローカス・ボットのように、「物流会社製の機械・システムが専業メーカーのものと比して高い競争力を持つ」ということは、決して例外的な事態ではないと考えるべきでしょう。

大半の物流会社は、何らかの機械・システムを使用しています。単に使用するだけではなく、複数の機械・システムを組み合わせたり、カスタマイズしたり、自社開発したりしている物流会社も少なくないはずです。その機械・システムを外販できる可能性はないでしょうか。外販に向けて、その機械・システムを進化させることができる可能性はないでしょうか。その可能性を過小評価せず、「物流機械・システムのインテグレーションサプライヤー」としての未来を創造できれば、ロジスティクス４・０による次世代テクノロジーの活用拡大を自社の成長機会とすることができるはずです。

5 外部リソースを戦略的に活用することの重要性

非連続な成長の必要性

「ロジスティクスプラットフォーマー」として勝ち残るためには、特定の物流サービスを核とするにしても、特定の荷主業界を核とするにしても、寡占的地位を得ることが求められます。物流の装置産業化を見据えるに、資本集約的なビジネスに転換するための戦略的投資も必要といえるでしょう。つまるところ、それなりの事業規模がないと、勝ち残りの未来を現実のものとすることは困難です。

「オペレーションアウトソーサー」や「インテグレーションサプライヤー」を目指すのであれば、事業規模の大小によらず、勝ち筋を見つけられます。とはいえ、「オペレーションアウトソーサー」であれば、＋αの価値を確立する必要があります。「インテグレーションサプライヤー」であれば、物流機械・システムの開発機能を担うことが求められます。要は、物流以外での提供価値・機能を獲得・強化しなければならないわけで、「ロジスティクスプラットフォーマー」を目指すのとは異なるハードルが存在します。

要するに、どのような勝ち残りの未来を選ぶにしても、非連続な成長を果たす必要があります。既存事業の延長線上にはない未来を創造しなければならないのです。売上高が一千億円を超えるような大手物流会社であったとしても、単独では到達困難な未来といえるでしょう。だからこそ、ロジスティクス4・0時代に勝ち残るためには、外部リソースの戦略的活用が欠かせません。M&Aをはじめとしたアライアンス戦略の実行なくして、物流会社としての勝ち残りの未来はないと考えるべきです。

外部リソースの活用による成長の実現

国内最大手の3PL事業者である日立物流は、日立製作所の物流業務を請け負うことで培ったメーカー物流でのノウハウを事業の基盤としつつ、M&Aを戦略的に実行することで事業領域を拡大してきました。2006年からの10年間だけでも、資生堂物流サービス（資生堂の物流子会社）、オリエント・ロジ（内田洋行の物流子会社）、DICロジテック（DICの物流子会社）、ダイレックス（ホーマックの物流子会社）、バンテック（自動車部品を中心とした総合物流会社）などを買収しました。この数々の買収がなければ、7000億円を超える現在の売上規模には至っていなかったはずです。医薬品、化粧品、自動車部品といった業界では、特にメーカー物流の領域において屈指のシェアを得るに至りました。営業利益率は4%強と、国内物流業界での平均的な水準を上回っており、M&Aを通じて売上と利益の伸長を成し遂げたといえるでしょう。

2016年、日立物流は、佐川急便グループの持株会社であるSGホールディングスとの戦略的資本業務提携を発表しました。この提携は、両社の経営統合を見据えてのものとされています。3PL業界トップの日立物流と、宅配便業界第2位のSGホールディングスの経営統合が予定通りに実現するとすれば、日本の物流業界においてかつてない規模の大型案件となります。将来、「物流業界再編のトリガーを引いた」と評されるかもしれません。

さらに、2018年には、中国から日本への海上輸送に関して国内有数の取扱量を有する中堅フォワーダーのエーアイテイーとの資本業務提携、IoTソリューションの提供をコアビジネスとするテクノロジーベンチャーのウフルとの業務提携をそれぞれ締結しました。2019年には、自社の物流センターにて、EC事業者を中心に複数の荷主が共同利用すること、初期費用を必要としない従量課金モデルで入出荷・保管・梱包などのサービスを提供すること、自動化設備の導入により従来作業と比して50%以上の省人化を実現することをコンセプトとした「シェアリング型プラットフォームセンター」を開設する予定です。SGホールディングスとの経営統合が実現するとすれば、日本通運やヤマトホールディングに匹敵する国内最大規模の総合物流会社になるわけですが、その座に安穏とすることなく、ビジネスモデルを進化させようとしているわけです。外部リソースの積極的な活用は、いち早く進化しなければ勝ち残りを果たすことはできないとの危機意識の表れと見るべきでしょう。

日立物流だけではなく、日本通運や三井倉庫ホールディングスといった大手総合物流会社もM&Aを通じて複数の物流子会社をグループ化しました。物流の外部化に向けた動きが拡大しつつある状況を踏まえるに、荷主の物流機能の取り込みは事業基盤を拡充するための有効な手段といえそうです。

今後は、日立物流とSGホールディングスのように、大手物流会社間での経営統合に向けた検討が業界全体に広がるかもしれません。かつての銀行業界のように、雪崩《なだれ》を打って再編に走り出す可能性もあります。より大胆な意思決定を下さなければ、物流業界内での相対的な競争力を落としてしまうことになるでしょう。

アライアンスを組むべき相手は、物流会社に限られるものではありません。日立物流のように、テクノロジーベンチャーとの提携を通じて新たなイノベーションの創出にチャレンジすることも一考です。＋αの価値として商流機能を獲得・強化したいのであれば、卸売事業者と手を携えることも考えられるでしょう。物流機械・システムを外販したいのであれば、メーカーや販売代理店との連携が有力な選択肢の1つになるはずです。「ロジスティクスプラットフォーマー」、「オペレーションアウトソーサー」、「インテグレーションサプライヤー」としての目指す姿を具体に創

COLUMN

物流の世界における インフラボーナスとは？

「経済の血脈」とも呼ばれる物流の市場規模は、元来、GDP（Gross Domestic Product／国内総生産）に正比例します。ゆえに、日本のように成熟した国では、物流市場の成長も期待しにくいわけですが、足元では例外的な変化が生じています。EC（電子商取引）の急速な拡大です。元々店舗で販売されていた商品が宅配されるようになれば、GDPは増えずとも、物流市場のみがその分だけ大きくなります。

物流市場には、もう1つの例外的な変化があります。高度経済成長期にある地域では、GDPの成長にインフラの整備が追いつかず、物流市場の成長は一時的に鈍化します。しかし、その後、道路、鉄道、港湾、空港などの整備が進むことで、物流市場は爆発的に拡大します。これが「インフラボーナス」です。

新興国をターゲットに物流ビジネスの海外展開を図ろうとするのなら、この「インフラボーナス」が始まるタイミングを狙うことも一考でしょう。

造し、提供価値を明確化した上で、組むべき相手と組み方を戦略的に判断することが重要といえます。

　物流業界の再編が進むとすれば、ファンドや総合商社といった投資会社からのアプローチが増えることも十分に予想されます。投資会社からすれば、相応の投資機会とリターンを期待できるからです。海外では、ファンドが複数の物流会社を買収し、事業規模の拡大と経営資源の統合により企業価値を高めることで、多大な売却益を得ています。あるいは、日本では、コンビニや食品卸のように、総合商社との資本関係を基軸にグループ化が進むかもしれません。確かに、出資を得る物流会社からすれば、経営権を失するリスクを伴いますが、単独では成し得なかった成長を実現できるわけです。ロジスティクス４・０時代に勝ち残るためには、経営の独立性に拘泥しすぎないことも大事といえるでしょう。

第5章

物流ビジネスでの新たな事業機会

ロジスティクス4・0は、物流の装置産業化をもたらします。物流会社の事業環境を一変させるわけです。「ロジスティクスプラットフォーマー」、「オペレーションアウトソーサー」、「インテグレーションサプライヤー」といった、ロジスティクス4・0時代を見据えたビジネスモデルに進化した物流会社は、飛躍的な成長を遂げられるでしょう。他方、変化に適応できず、旧来型の労働集約的なビジネスモデルであり続けた物流会社は、競争から脱落します。躍進の機会とできるか、淘汰の脅威にさらされるかは、その物流会社次第といえます。

対して、物流サービスを利用する荷主、物流機械・システムを提供するメーカーやデベロッパーからすると、物流ビジネスは労働集約的であるがために、事業参入の魅力に乏しい業界でした。参入障壁は低かったものの、属人的なノウハウや属社的な仕組みへの対応が必要であり、高収益を得ることが難しかったからです。物流の装置産業化はこの状況を根底から覆します。資本集約的なビジネスになれば、戦略的な投資の実行により競争優位を確立できます。プラットフォーマーとしての地位を得られれば、相応の投資回収も期待できるはずです。

物流業界は元来労働集約的であったため、プラットフォーマーとして寡占的地位を得るこ

図表5-1　物流ビジネスでの新たな事業機会

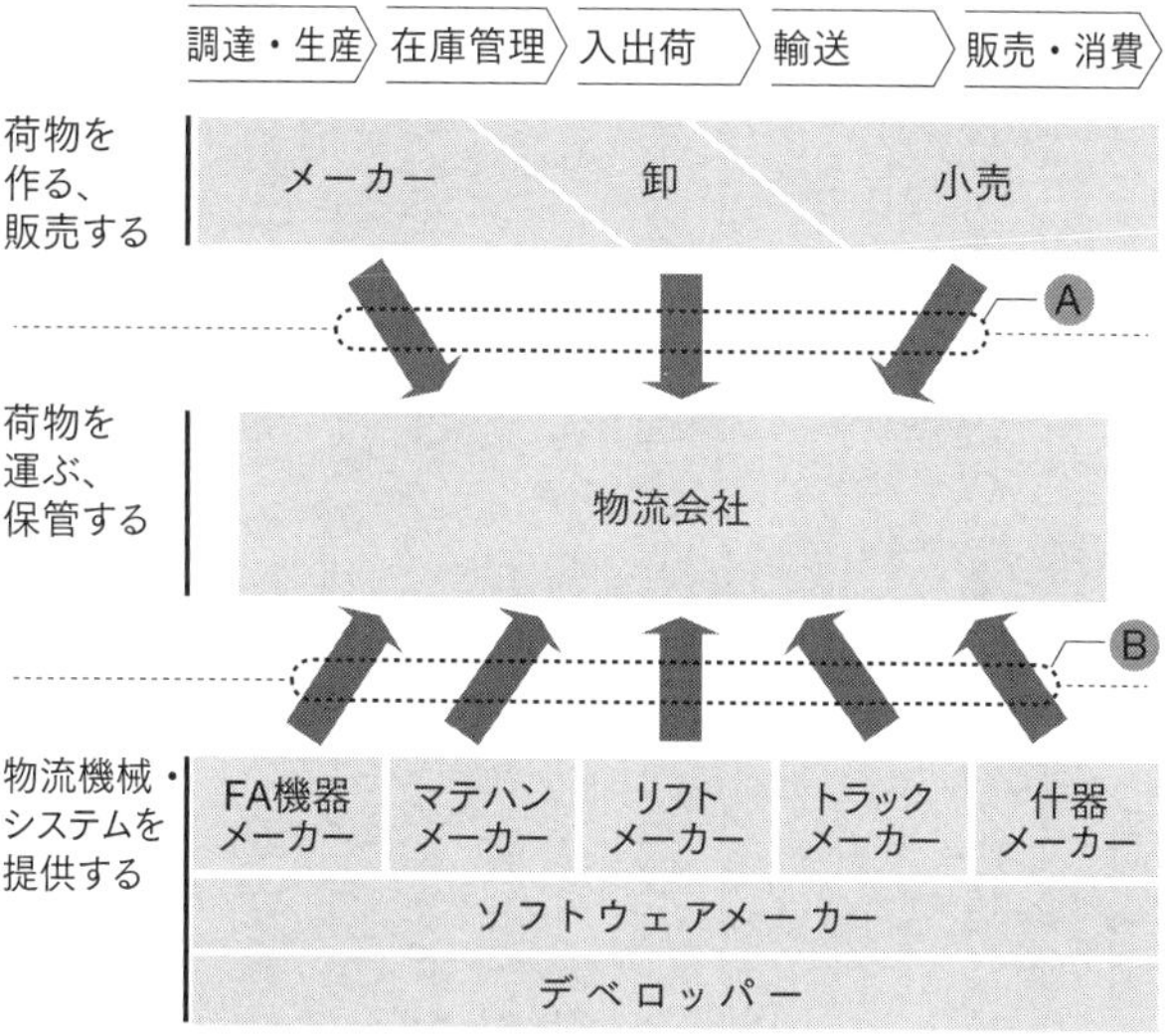

Ⓐ 荷主による物流ビジネスの展開

Ⓑ メーカーやデベロッパーによる物流ビジネスの展開

とに成功した事業者は限られます。宅配便をはじめとする一部の領域を除けば、総じて寡占度は低く、数多の事業者が存在します。だからこそ、物流会社にとって「ロジスティクスプラットフォーマー」への進化は、有力な勝ち残りの方向性たり得るわけですが、荷主やメーカーからしても大いなるビジネスチャンスといえるでしょう。

1 荷主による物流ビジネスの展開

物流ビジネスを展開するに相応しい荷主の要件

荷主は、物流サービスの利用者であるわけですが、必ずしも全ての物流機能を外部に委ねているわけではありません。「現場での作業は全て委託先に任せているが、管理業務は社内に残してある」、「トラックは全て傭車（外注）だが、物流センターは自社で所有している」という荷主も少なくないはずです。中には、物流子会社を擁する荷主も存在します。自社用の物流機能を外部に提供すれば、新たな収益機会の獲得につながるわけで、外販比率を高めることに成功した物流子会社は「荷主による物流ビジネスの展開」に成功した事例といえます。その点からして、現在では国内最大手の3PL事業者となった日立物流、国内有数の低温物流会社であるキユーソー流通システム（キユーピーの物流子会社）、食品メーカー5社の物流機能を集約・統合する際の受け皿となる味の素物流などは、「物流子会社の優等生」と評せるでしょう。

とはいえ、属社的世界からの脱却が進むことを考えると、物流機能を社内に抱えておくことの経済合理性は希薄化します。日立製作所は、日立物流とSGホールディングスの戦略的資本業務提携を契機に、同社への出資比率を59％から30％に低下させました。キユーピーのキユーソー流通システムへの出資比率は、同社の東証第一部上場以降、45％強にまで引き下げられています。味の素は、味の素物流の株式の95％超を保有していますが、カゴメ、日清オイリオグループ、日清フーズ、ハウス食品グループ本社の物流機能を集約・統合する際に、その比率を大きく落とすはずです。日立製作所、キユーピー、味の素は、程度の差はあれ、物流の外部化に舵を切ったといえるでしょう。

結局のところ、物流を競争力の源泉としない荷主からすれば、外販で収益を獲得し、全社への利益貢献を果たしていたとしても、物流機能を社内に抱え込んでおくべき必然性がありません。経営効率の最大化が問われる現下の事業環境において、物流に対して戦略的な投資を実行し、物流ビジネスでそれなりの収益を得ようとする荷主は、物流をコアコンピタンスとするプレイヤーに限られると見るべきでしょう。アマゾンは、その代表的な存在といえます。

図表5-2　アマゾンの事業別業績構成（2017年）

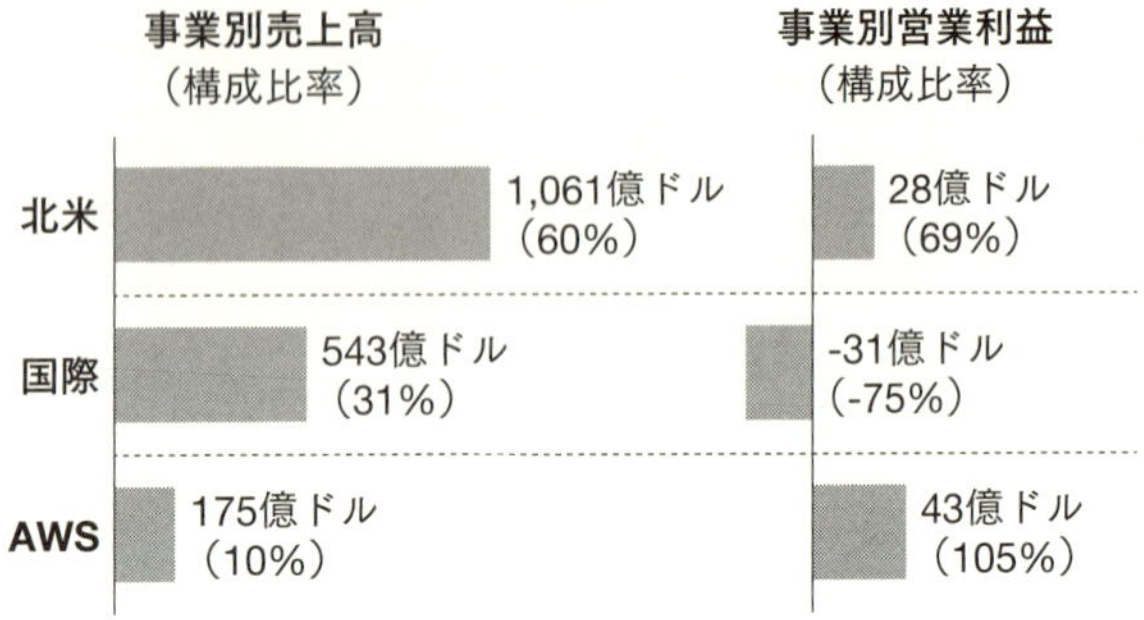

［出所］ アマゾンの会社発表資料より作成

アマゾンの真の姿

ロジスティクスの未来を考えるにあたり、アマゾンの存在は無視できません。なぜなら、近い将来、世界最大の物流会社になることが十分に予想されるからです。

アマゾンは、実はＥＣ事業で儲けている会社ではありません。企業向けのクラウドインフラサービスであるＡＷＳ（Amazon Web Services）を利益の源泉としています。アマゾンの売上高に占めるＡＷＳの割合はわずか10%にすぎませんが、営業利益ベースで見るとその割合は１００％を超えます。つまり、ＥＣを中心としたＡＷＳ以外の事業の合計は赤字なのです（図表5－2）。

クラウドインフラサービス業界におけるアマゾンの存在感は抜群です。アマゾンのグローバルシェアは34%

図表 5-3　クラウドインフラサービスでのシェア
（2018 年第 3 四半期）

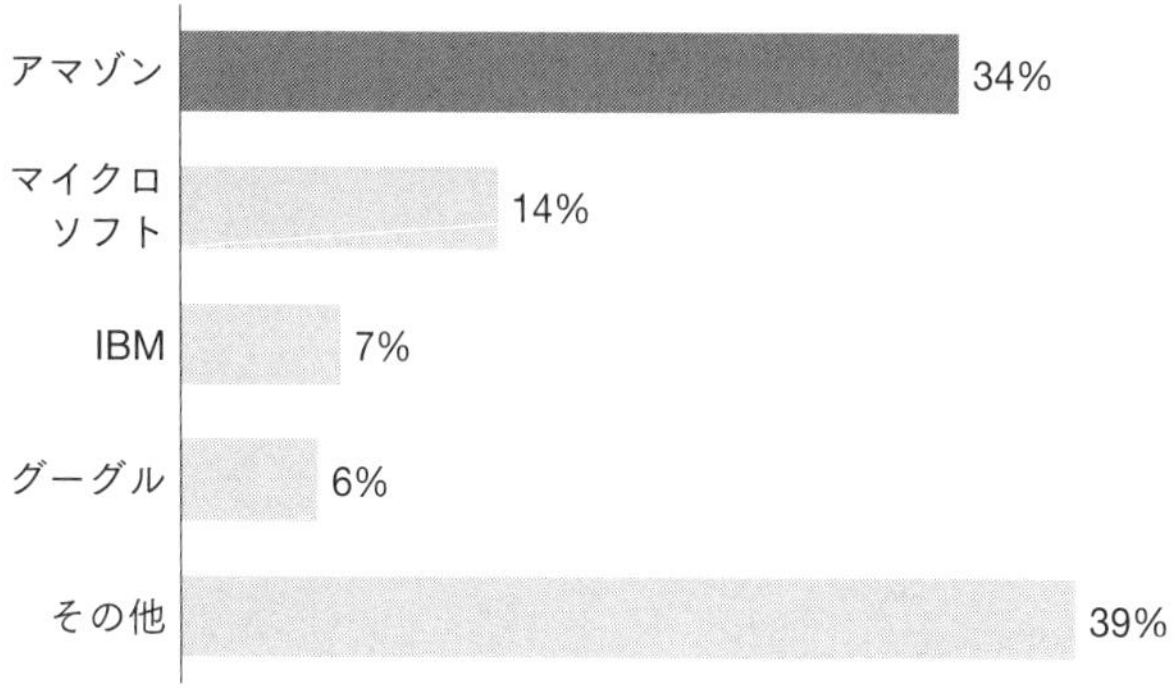

［出所］ Synergy Research Group
「Cloud Infrastructure Services-Market Share」

と、同第2位のマイクロソフト（Microsoft）、第3位のＩＢＭ、第4位のグーグルの合計よりも大きいのです（図表5－3）。北米だけではなく、欧州、アジア太平洋、南米といった地域別のシェアでも第1位を占めています。

ＡＷＳは、なぜ、これほどの高収益とシェアを獲得できているのでしょうか。それはコスト競争力が段違いに高いからです。競合他社はクラウドインフラサービスを提供するためにサーバーシステムを構築しているので、その設備投資に応じた利用料を請求する必要があります。一方、ＡＷＳは自社のＥＣ事業のために構築された巨大なサーバーシステムの「空きスペース」を他社に提供しているだけです。ＥＣ事業で設備投資費用をある程度回収できているのだとすれば、クラウドインフラサービス事業のコスト構造が他社とは根本から異なるといえます。実際、ＡＷＳは過去10年間に60回以上の値下げを行いましたが、収益性は高水準で維持されています。

ＡＷＳは、単に安いだけではありません。仮想サーバー、ストレージ、リレーショナルデータベース、データウェアハウスといったＩＴインフラの構築に必要な機能が揃っており、顧客の要望に広く応えられることも特長といえます。年間千件以上の新サービスの提供と機能改善を実施するなど、先進性を維持・強化するための取り組みにも積極的です。結果として、「ＡＷＳであれば、常に最新の機能を利用できる」との評価を得るに至っています。

セキュリティ対策も盤石です。ＩＳＯ２７００１（情報セキュリティマネジメントシステムの国際規格）やＰＣＩ ＤＳＳ（Payment Card Industry Data Security Standard／機密情報のセキュリティ基準）といった、情報セキュリティに関する認証を取得するだけではなく、ＤＤｏＳ攻撃（Distributed Denial of Service Attack／複数のコンピュータから特定のシステムに多大な負荷をかけるサイバー攻撃）に対する保護サービスや仮想プライベートクラウドなども提供しています。セキュリティ対策コストが年々増加していることもあり、「情報漏洩を防ぐために、自社サーバーからＡＷＳにデータを移管した企業」も少なからず存在します。三菱ＵＦＪフィナンシャルグループは、国内メガバンクとして初めてクラウドを本格活用するにあたり、ＡＷＳの採用を決定しましたが、セキュリティの堅牢性を厳密に検討した上での判断であったことは間違いないでしょう。

アマゾン＝世界最大の物流会社

ＡＷＳは、ＥＣ事業のために投資された「サーバーシステム」を外販することで高収益を得ているビジネスモデルです。ＥＣ事業を通じて培われた「顧客からの要望に徹底的に対応することでサービスレベルを高めていくスタイル」は、このＡＷＳにおいても活かされています。ゆえに、コスト競争力とサービスレベルの両立を実現できたわけです。このＡＷＳでの成功体験は、次なる利益の柱を構築するにあたっても活かされるはずです。物流ビジネスは、その最有力候補といえます。

物流センターを核としたアマゾンの「物流ネットワーク」は、ＡＷＳと同様、ＥＣ事業のために投資されたアセットといえるでしょう。アマゾンは、その自前化と機能拡充を着々と進めています。世界で既に２０００以上の物流センターを擁し、その総面積は２０００万平方メートルに達するといわれています。東京ドーム４００個分を優に超える広さです。アマゾンは、その多くを自社で運営しており、棚搬送型ロボットのドライブを計10万台導入しています。事業の更なる成長を見据えて拠点ネットワークを整備するだけではなく、最先端の技術を野心的に取り込むことで、世界で最も効率的な倉庫オペレーションを作り上げようとしているわけです。

アマゾンが保有するものは、物流センターやロボットだけではありません。米国では既に数千台規模の自社トラックを運用しています。2015年からは、一般個人に宅配業務を委託する〝アマゾンフレックス（Amazon Flex）〟を開始しました。ドローンを活用した宅配サービスの実用化にもチャレンジしています。日本では、宅配業務の主要な委託先であるヤマト運輸が値上げを行って以降、「デリバリープロバイダ」と名付けられた地域配送業者の利用を戦略的に増やしました。アマゾンは、ラストワンマイルさえも自社のコントロール下に置くことで、「商品を適切に届けられなくなるリスク」への対応力を高めているといえるでしょう。

長距離輸送に関しても同様の動きが見て取れます。航空輸送では、自社専用の貨物機を40機リースし、段階的に運用を拡大しています。海上輸送については、北米・中国間でのNVOCC（Non-Vessel Operating Common Carrier／非船舶運航業者）の事業承認を取

図表5-4　アマゾンの物流リソース

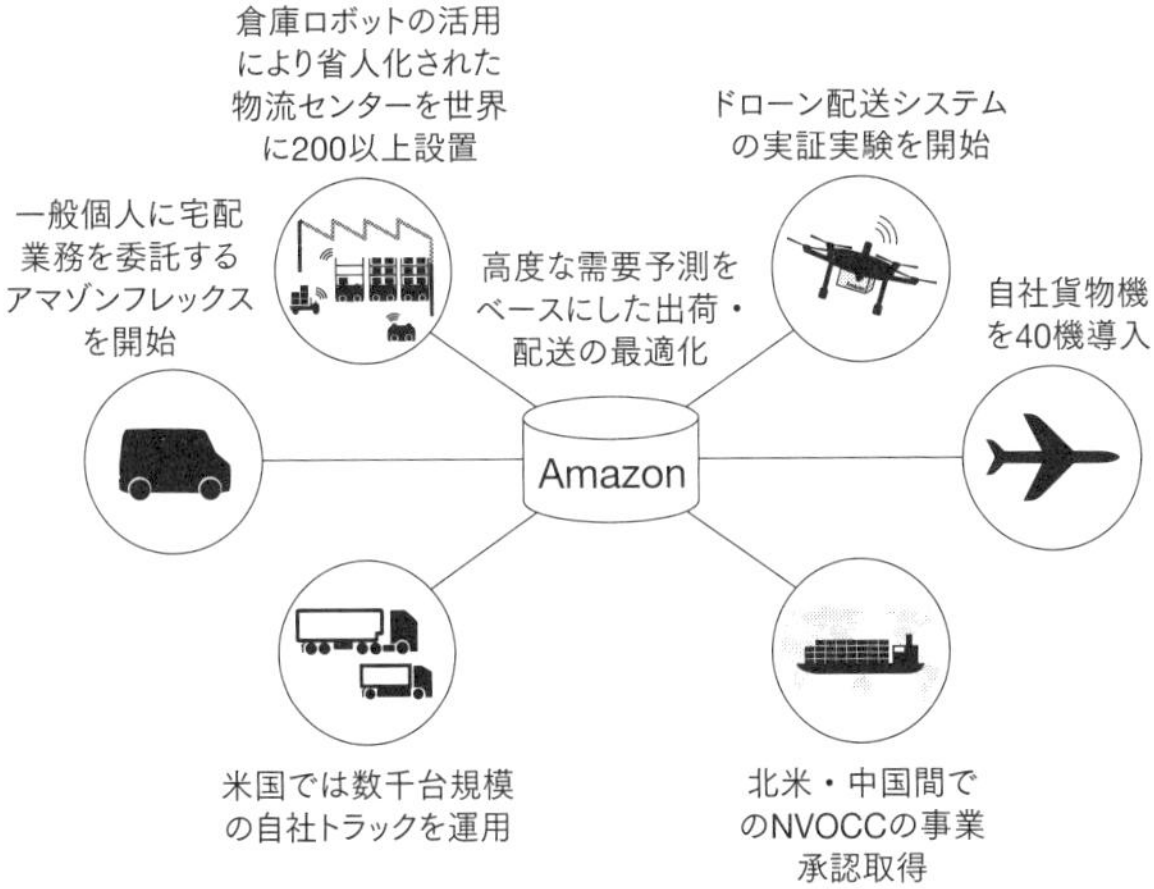

［出所］ アマゾンの会社発表資料より作成

得しました。つまり、アマゾンは物流サービスの提供に必要なアセットを並の物流会社以上に保持しているのです（図表5－4）。

アマゾンから見て、物流はＡＷＳと同等の状況にあるといっても過言ではないでしょう。ＥＣ事業のために投資された物流ネットワークを外販するのであれば、十分なコスト競争力を発揮できます。ドライブを導入した物流センターの高効率オペレーション、予測発送に代表されるＥＣ事業を通じて培った出荷・配送システムは、既存の物流会社以上の機能性を有します。しかも、キバ・システムズを買収後、アマゾンはドライブを門外不出としました。「モノ売り」ではなく、物流サービスという「コト売り」で収益を得ようとする戦略ゆえと推察されます。アマゾンが「世界最大の物流会社になる日」はそう遠くないはずです。

アマゾン＝現代のローマ

アマゾンの創業者であり、現在もCEOとして同社の経営を舵取りしているジェフ・ベゾス（Jeffrey Preston Bezos）は、「アマゾンはロジスティクス・カンパニーである」と公言しています。しかしながら、「ロジスティクス・カンパニー＝物流会社」と考えると、アマゾンの戦略を見誤ります。ロジスティクスの語源は「兵站」です。企業活動でいえば、物流も含めたサプライチェーン全体を兵站と捉えるべきでしょう。

ＥＣ事業のために投資したアセットを兵站として徹底的に使い倒す。それは、「サーバーシステム」であり、「物流ネットワーク」であるわけですが、もう1つ、アマゾンが他社にはない規模のアセットを有しているものがあります。それは「顧客情報」です。

アマゾンほど、「誰が何を買ったのか」という情報を蓄積できている企業はありません。多種多様な商材を幅広く取り扱っているがゆえに、特定個人の購買傾向を把握することも可能です。一般の小売事業者では知り得ないメールアドレスや住所といった個人情報も蓄積し、注文を得るたびにアップデートされています。アマゾンは、ワン・トゥ・ワンマーケティングの実現に最も近いところにいるわけです。

ただ、そのアマゾンにしても、「アマゾンを利用したとき」以外の情報を把握することは困難です。「買った人」はわかっても、「買うまでのプロセス」や「結果的に買わなかった人」はトレースできません。ワン・トゥ・ワンマーケティングを真に成立させるためには、「リアルな世界での顧客の動きを追跡し、アマゾンが蓄積した個人情報と紐付けること」が必要となります。だからこそ、スマートスピーカーのアマゾン・エコーを販売し、無人コンビニのアマゾン・ゴーを出店したのです。バーチャルとリアルの情報を融合できれば、ユーザーに対しておすすめの商品を提案するレコメンデーション機能の的確性を高められるだけではなく、より魅力的なプライベートブランド商品を開発できるようになります。ＥＣ事業の更なる進化と成長を実現するためには、「顧客情報」のなお一層の充実を図るための戦略的な投資が必要なのです。

将来、「顧客情報」を十分に蓄積できたとき、自社と競合しないメーカーや広告代理店などに、ワン・トゥ・ワンマーケティングを実現するためのデータプラットフォームサービスを提供するようになるのかもしれません。あるいは、それこそがアマゾンの本当の目的なのでしょう。

古代、地中海に覇を唱えたローマは「兵站で勝つ」といわれていましたが、アマゾンは「現代のローマ」といえるのではないでしょうか。先行者として戦略的な投資を実行し、顧客からの要望に広く対応することで、その世界で最大のシェアを獲得する。サプライチェーンの最適化に必要な兵站をインフラ的に提供する「ロジスティクス・カンパニー」なのです。「サーバーシステム」も、「物流ネットワーク」も、「顧客情報」も、アマゾンの提供する「ロジスティクス・サービス」のメニューと考えるべきです。

アマゾンは、創業以来、売上を着実に拡大し、2017年12月期には1700億ドルを超えるに至りました。直近5年間の年平均成長率は24%と、この規模の企業としては突出して高い水準にあります。他方、純利益率はわずか1・7%です。過去には赤字になる年もありました（図表5－5）。そして、創業から現在に至るまで一度として配当で利益を還元したことはありません。なぜなら、「利益になったはずの資金を常に事業の未来に再投資しているから」です。兵站をインフラとして確立するまでに必要な戦略的投資を愚直に実行し続け

図表 5-5　アマゾンの業績推移

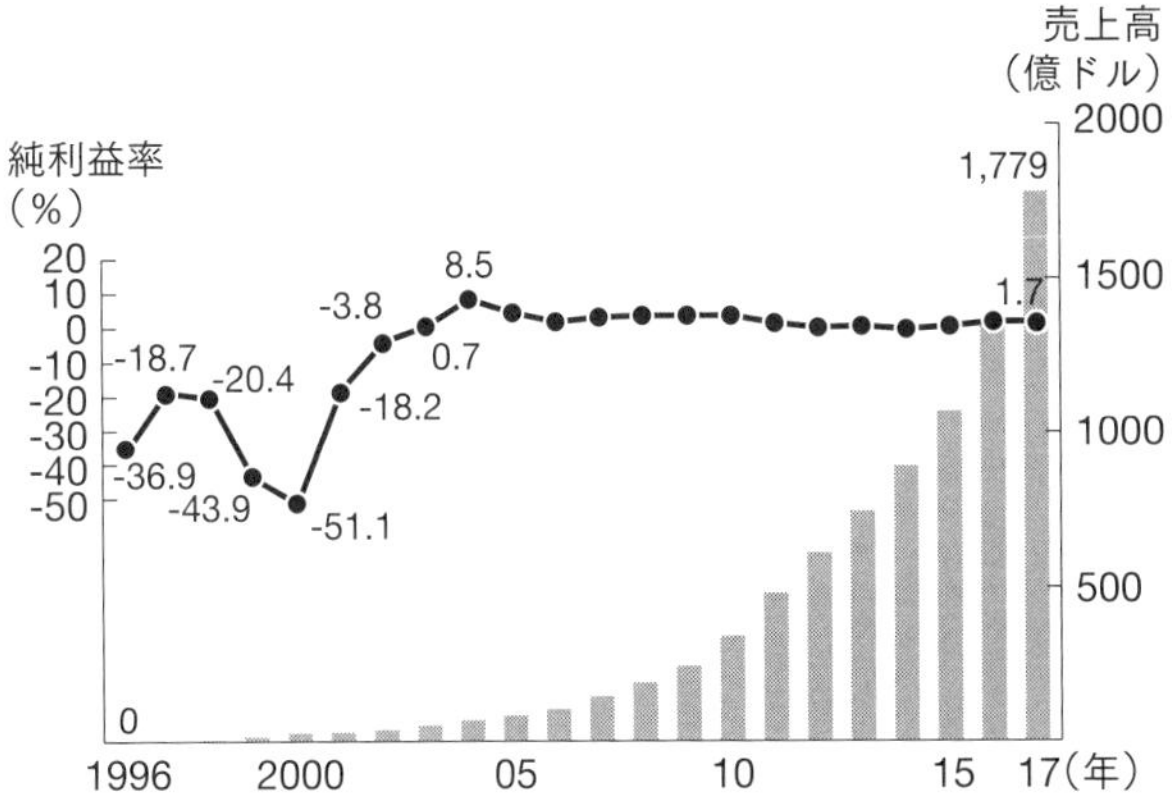

［出所］　アマゾンの会社発表資料より作成

られることこそ、アマゾンの真なる強みといえるでしょう。

アマゾンとは異なる未来

アマゾンは、兵站として提供する機能を揃えるにあたり、自前主義を貫いています。AWSのように、大胆な設備投資を通じて、他社の追随を許さない圧倒的な競争力を築こうとする戦略です。キバ・システムズのように、買収で必要な機能を獲得・強化することもあるでしょう。スマートフォンで例えるなら、アプリやアクセサリ以外のほとんど全てのハード、ソフトを自社製としているiPhone（·iOS）のような戦い方といえます。

では、荷主である事業者が物流ビジネスを展開しようとするのであれば、自前主義が前提になるかというと、そんなことはありません。Android のように、敢えて大半の機能を他社に開放するような戦い方もあります。アスクルのマーケティングプラットフォーム〝LOHACO ECマーケティングラボ〟は、その代表例といえます。

アスクルは、オフィス用品の通販で国内最大手の地位を築いています。2012年からは、B to Cのインターネット通販サービス〝ロハコ（LOHACO）〟を開始するなど、事業領域の拡大にも積極的に取り組んでいます。アスクルの特長は、その社名の由来の通り、「注文翌日までの配送（明日来る）」を他社に先駆けて実現したことにあります。大都市の近郊に大型の物流センターを構えるなど、その価値を提供するために必要な投資を戦略的に実行してきました。その点からして、物流ビジネスを展開するに相応しい、物流をコアコンピタンスとする荷主といえるでしょう。

アスクルは、通販事業者であるがゆえに、「誰が何を買ったのか」という情報を蓄積できています。アマゾンほどではないにしても、特定個人の購買傾向を把握できます。「顧客情報」を自社内に蓄積し、データプラットフォームサービスとして外販することで、新たな収益を得ることも可能なわけです。しかしながら、アスクルはマーケティングラボの設置を通じて、そのビッグデータを参加企業と共有する道を選びました。

マーケティングラボに参加した企業は、アスクルの顧客データ、購買データ、商品ページへのアクセスログ、問い合わせやレビューのデータ、配送データなどを自由に利用できます。参加企業もデータを提供することが求められており、そのデータは競合相手であっても提供されます。おそらくは、アスクルの「顧客情報」を呼び水に、参加企業間でデータを広く共有することで、今までにはないマーケティングを共創しようとしているのでしょう。

例えば、あるトイレタリーメーカーは、マーケティングラボでのデータ分析を通じて、店頭販売とＥＣでは容器のデザインを変えた方がよいことに気づきました。店頭販売では、商品を目立たせる必要があるため、「除菌効果」や「消臭性能」といった訴求ポイントを前面に押し出す必要があります。結果として、日々の生活にはなじまないデザインになっていました。ＥＣであれば、容器のデザインで訴求する必要はありません。「家の中で、どこにどのように置かれる商品になるか」を軸に、デザインを一から見直すことで、ロハコでの販売を10倍以上増やすことに成功しました。しかも、家の中の目に見える場所に置かれるようになったことで、リピート率も大幅に高まったのです。

参加企業間での共創の取り組みも広がっています。例えば、同時に購入される割合の高い商品を対象に、企業の枠を越えて共通のパッケージデザインを導入したり、まとめ買いの割引価格を設定したりするなどのコラボレーション企画が実施されています。「自社の商品」ではなく、「顧客から見て共通項のある商品」を組み合わせることで、購買意欲を高めようとしているのです。これらの取り組みの全てが販売の拡大に結びついているわけではありませんが、成功事例のみならず、失敗事例も含めて参加企業間で情報を共有し、ＰＤＣＡサイクルをより高速に回すことで、一企業ではできないレベルでの全体最適を実現しつつあるといえます。

２０１４年に開設された当初、マーケティングラボへの参加企業は12社でした。推察するに、競合他社にも情報が共有されるということで、参加をためらった企業も存在するでしょう。それが、現在では、百社をはるかに超える企業が参加しています。情報を共有することのリスクよりも、リターンの方が大きいと考える企業が増えたのではないでしょうか。マーケティングラボのオープンプラットフォームとしての価値が社会的に認識された結果といえるでしょう。

アスクルは、マーケティング以外でも外部リソースを積極的に活用しています。例えば、配車計画の精度を高めるにあたっては、マーケティングラボにもフレンドシップパートナーとして参加している日立製作所の人工知能を活用しています。物流センターでの荷物を積み降ろす場所の予約、トラック到着時の受付、ドライバーの誘導については、出資先であるハコブのシステムを導入しました。ピッキングプロセスの自動化に向けては、ムジンと業務提携を締結し、ロボットの技術開発・検証・導入を進めています。自前主義を貫くアマゾンとは真逆の戦略でプラットフォームを構築しようとしているわけです。

アスクルからすれば、アマゾンという先行者がいる以上、異なる戦略を選ばざるを得なかったのかもしれません。アマゾンほどの資金力を有さないことは紛れもない事実です。「自前主義では勝てないからこそのオープンプラットフォーム」という側面もあったのではないでしょうか。

とはいえ、自前主義で先行したプレイヤーが寡占的地位を得られるとは限りません。Android は、iPhone に比して後発でありながら、現在では iPhone を大きく上回る70％超の世界シェアを獲得しています。スマートフォンのように多様なニーズが想定されるモバイル端末の販売にあたっては、Android のように広く多くのメーカーが参画するコンソーシアムを組成し、多様なラインナップを提供することが「シェア最大化の要諦」だったといえるでしょう。逆にいえば、クラウドインフラサービスへのニーズは総じて画一的だったからこそ、AWSはその抜群のコスト競争力と機能性を基盤に、高いシェアを獲得できたのです。

では、「物流ネットワーク」や「顧客情報」へのニーズは多様性が高いといえるのでしょうか。察するに、コスト、対象範囲、リードタイム、情報量といった基本要件をベースに、サービスの利用を判断するユーザーが多いはずです。とすれば、先行者としてスケールメリットの最大化を図りつつあるアマゾンが優位となります。一方で、個別の対応を重視するユーザーも少なくないはずです。「物流ネットワーク」であれば、荷主の業界・業種や商品の特性ごとに異なるニーズがあります。「顧客情報」についても、単に情報を得ればよいということではなく、カスタマイズやコラボレーションを必要とするメーカーもいるでしょう。アマゾンの存在は脅威であるものの、異なる未来を創造することができれば、十分に勝機を見出せるはずです。

物流ビジネスを展開する意味

当然のことですが、物流をコアコンピタンスにしているからといって、全ての荷主が物流ビジネスで新たな収益を得ることに挑戦しなければならないわけではありません。挑戦したからといって、皆目儲からない可能性もあります。物流ビジネスを本業とする物流会社とも競争になるわけです。それだけに、「仮に期待通りの収益を得られなかったとしても物流ビジネスを展開する意味はある」との判断に至るかどうかがポイントになります。

１つの考え方として、アマゾンのように、本業を強化するために投資されたアセットを外販するということであれば、期待通りの収益を得られなかったとしても、特段の損失は生じません。例えば、製造物流小売業を標榜するニトリは、誰もが気軽に買える価格設定と高い品質・機能を両立させるべく、製造から販売までの物流を自前化していますが、効率性をもう一段高めるため、自社のアセットを利用した物流ビジネスを開始しました。既に他社の物流業務を受託できているようですが、仮に受注を得られなかったとしても、そのアセットを自社で使用すればよいわけで、投資はムダになりません。物流を自前化していて、かつ、本業の成長が見込めるのであれば、ローリスクで物流ビジネスを開始できるはずです。

もう１つの考え方として、アスクルのマーケティングラボのように、より多くの企業・ユーザーの参加を得るためのツールとして活用するのであれば、直接的な収益を得られずとも大きな問題にならないはずです。例えば、楽天は、自社のECモール〝楽天市場〟への出店者に対して、入荷・保管から出荷・配送までの物流業務を一括代行する物流サービス〝楽天スーパーロジスティクス〟を提供しています。もちろん、相応の収益を得ようとする考えもあるでしょうが、出店者が販売促進の企画・実行に集中できたり、セール時も波動対応に時間を取られなくなったりすることで、楽天市場の魅力が高まり、集客力が上昇するのだとすれば、それだけで物流ビジネスを展開する意味があります。要は、物流ビジネスを本業のフックとできるのであれば、収支を多少度外視した意思決定が可能になるわけです。

いずれにしろ、荷主として物流ビジネスにチャレンジするのであって、物流会社に転換することが目的ではないはずです。しからば、荷主であるがゆえに「自社の荷物があること」、「本業での収益があること」を最大限活かした物流ビジネスとすべきです。そうでなければ、「ロジスティクスプラットフォーマー」に進化した物流会社と伍して戦えません。物流会社にも「物流＋αのオペレーションアウトソーサー」という勝ち残りの方向性があるように、荷主であるという＋αを競争力の源泉とした物流ビジネスを創造することが重要といえるでしょう。

2　メーカーやデベロッパーによる物流ビジネスの展開

物流でのコト売りの実現

「モノ売り」から「コト売り」への転換を成し遂げたいと考えているメーカーやデベロッパーからすれば、物流は新規ビジネスを展開するに相応しい有望な領域といえます。「運ぶ」、「荷役する」、「梱包する」、「手配する」といった物流の基本オペレーションは、「人の介在をほとんど必要としないインフラ的機能」になるので、属人的ノウハウを有さないメーカーやデベロッパーであっても、物流サービスを提供できるようになるからです。

資本集約的なビジネスになれば、戦略的な投資を通じて事業基盤の拡充を図ることも容易です。加えて、物流サービスは、効率・品質といったパフォーマンスの数値化が簡単なため、「コト売り」としての価値を訴求しやすいという特徴もあります。

実際、一部のメーカーやデベロッパーは、物流機械・システムを販売するのではなく、物流サービスとして提供することを検討・実行しています。トラックメーカーが荷物を輸送し、機械メーカーやデベロッパーが物流センターを運用するという日がやってくるのかもしれません。

トラックメーカーによる物流ビジネスの展開

自動運転トラックの実用化は、トラックメーカーのビジネスモデルに破壊的なインパクトをもたらします。第一に、トラックの選定基準が大きく変わるからです。

トラックを調達するにあたり、ユーザーである物流会社や荷主の多くは、価格の安さを大前提に購入車両を選定していました。車両本体の価格は無論のこと、燃費のよさや維持・修理費の安さも考慮の対象に含まれます。用途によっては、最大積載量、最高出力、最大トルク、ブレーキ性能、居住性なども比較検討の対象となりました。ただ、特に日本においては、主要メーカー間で価格や性能に大きな差はなく、今までと同じメーカーのトラックを購入することが多かったわけです。

自動運転トラックになると、価格や性能だけではなく、自動運転の機能性も問われるようになります。完全無人には至らないまでも、運転をせずともよい範囲が広がれば、ドライバーを採用しやすくなります。人手不足の昨今、トラックの所有者からすれば、コストをかけるに値する機能性といえるでしょう。将来的には、「ドライバーの不要化」が実現することを見据えると、TMSをはじめとする物流管理システムとの接続性、荷物を載せる荷台内部のトレーサビリティなども重視されるようになるかもしれません。

つまるところ、トラックメーカーからすれば、今までにはない機能を具備することが求められるわけです。自動運転の実用化を契機に、トラックメーカー間のシェアが大きく変わる可能性もあると見るべきです。

もう1つの論点として、「トラックを売ることのリスク」に目を向ける必要があります。自動運転中に事故が起きれば、整備不良が原因だったとしても、それを立証できない限り、「運転者＝メーカー」の責任になります。それゆえ、多くのトラックメーカーは、トラックを売らないことを考えるようになるはずです。トラックを売るのではなく、レンタルで提供し、返却時に整備すれば、事故リスクを最小化できるからです。

実のところ、トラックメーカーからして、この「トラックを売らない会社」への転換は、決して悪い話ではありません。ディーラーの利益の源泉であるアフターサービスを囲い込めるからです。トラックの稼働や整備の状況を完全にトレースできれば、新車の開発にも資する情報を得られるはずです。本来販売していたトラックをレンタルすることでの資産の過大化、キャッシュフローの悪化は最大の難点といえますが、リース会社とアライアンスを組むことでオフバランス化（バランスシートに計上されている資産の圧縮）を図ることも可能でしょう。

ダイムラー、ボルボ、スカニアといった欧州の大手トラックメーカーは、「トラックを売らない会社」への転換を企図した取り組みを進めています。整備工場の買収やリース会社との提携といった具体策も実行されています。トラックメーカーであれば、「トラックを売らない会社」への転換も1つの選択肢として、自動運転が普及した後の世界におけるビジネスモデルを創造すべきです（図表5－6）。

他方、傭車を「ドライバー＋トラック」と捉えるのなら、自動運転トラックのレンタルは傭車と同等の運送サービスを提供することに他なりません。ドライバーが運転するトラックと比べて安全性や運用性が高いことを考えると、傭車以上の価値がある運送サービスともいえます。つまり、トラックメーカーが「トラックを売らない会社」になったとき、傭車を提供していた中小の運送会社からすれば、突如としてトラックメーカーが競合相手になるわけです。少し先の未来になるとはいえ、そのインパクトの大きさを察するに、中小の運送会社

図表 5-6 「トラックを売らない会社」になったときの事業領域

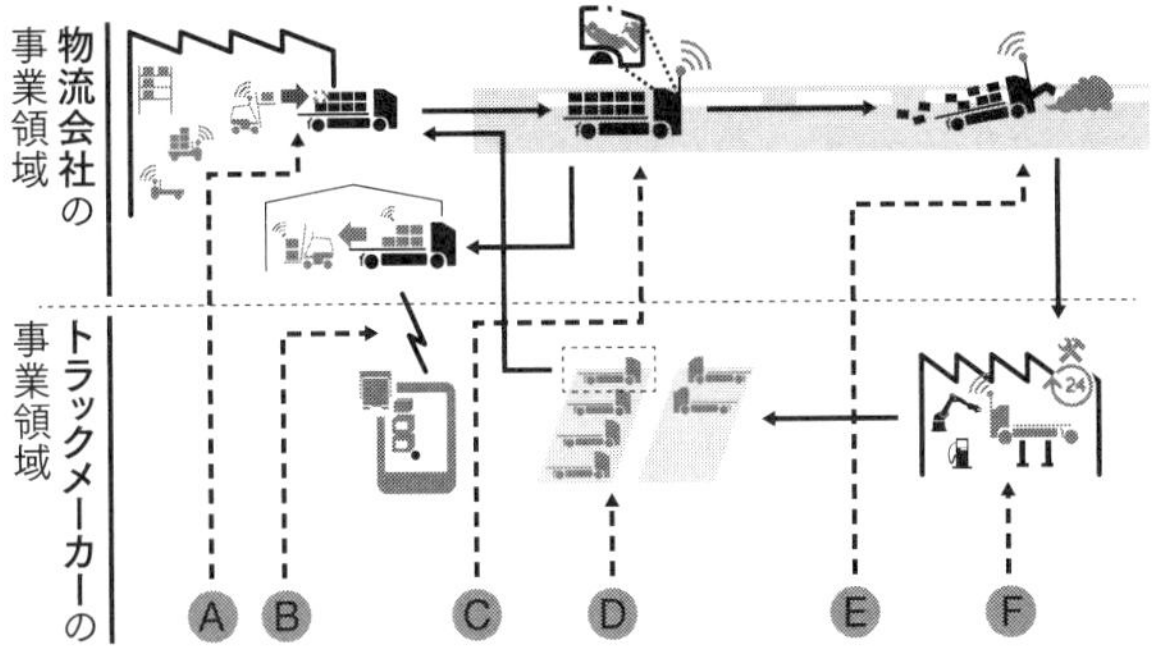

Ⓐ 倉庫ロボット／無人フォークリフトに対応した架装
Ⓑ センサーシステムによりトラックに積載中の荷物を単品管理
Ⓒ トラックの走行状況をリモート管理（物流会社のTMSと接続）
Ⓓ トラックの一時利用を可能とするシェアリング／マッチングサービス
Ⓔ 自動運転時の事故に対するメーカー保証
Ⓕ 24時間メンテナンスサービスの提供

は自動運転が実用化した世界における勝ち残りの方向性を考えておくべきです。

傭車を利用している元請の大手物流会社からすれば、委託先が中小の運送会社からトラックメーカーに代わるだけともいえます。しかし、自社よりも事業規模の大きいトラックメーカーのアセットを利用するようになるとすれば、委託先との力関係は大きく変わります。将来的には、トラックメーカーが元請の機能を担おうとするかもしれません。傭車を利用する大手物流会社も、自動運転の実用化というイノベーションが自社のビジネスモデルに影響を与えることを理解し、その変化を注視すべきでしょう。

機械メーカーによる物流ビジネスの展開

物流センターで使用される各種物流機械のメーカーにとって、刻下の状況は事業の拡大に適した好機といえるはずです。EC市場の更なる成長は確実であり、物流センターでの入出荷作業は明らかに増加しています。対して、日本をはじめとする先進国では人手不足が顕著であり、省人化を実現する物流機械の必要性は日増しに高まっています。属人的ノウハウを基盤とした人手でのオペレーションを尊んでいた大手物流会社でさえ、物流センターの自動化を主導する組織を新設しました。東京にて隔年実施されているアジア最大級の物流展示会〝国際物流総合展〟でも、ロボットを展示するブースが目立って増加するなど、業界全体として盛り上がりを見せているといえるでしょう。

ロボティクス化の最大のターゲットは、自動倉庫の利用に適さず、小口荷物の多さゆえに大勢の人手を必要とするＥＣや店舗出荷用の物流センターです。倉庫ロボットだけではなく、パレタイザ、デパレタイザ、自動梱包機、ウェアラブルシステムといった物流機械・システムへの需要も小さくありません。投資対効果のある製品を開発・製造できれば、相応の受注を得られるはずです。

投資対効果を得るにあたり、人手による今の作業手順を「是」とせず、機械ならではの作業手順を考え出すことも１つのイノベーションといえるでしょう。「作業員が棚まで出荷する商品を取りに行くプロセス」を「ロボットが棚ごと商品を運んでくるプロセス」に変えた棚搬送型ロボットのキバは、その点からして極めて画期的だったわけです。

併せて、人間が得意としないところで、機械ならではの価値を創出することも重要といえます。「重い荷物を運ぶ」、「冷凍倉庫での作業に従事する」、「24時間不眠不休で稼働する」といった、機械の特性を活かした作業代替もさることながら、ザラで検討されている巡回ロボットのように、施設内の情報をあまねく収集・記録することで、サプライチェーン全体の効率化や商品企画の精度向上に貢献するような能力の発揮も考えられます。そうなれば、高額な機械であっても投資対効果を得られる可能性が高まるわけで、事業化にあたっては作業代替以上の価値の創出を指向することも一考といえるでしょう。

翻って、物流センターでのロボットの使用はまだごく一部の施設に限られますが、かつてのフォークリフトのように、一気に普及が進む可能性もあります。量産化を成し遂げられれば、生産コストの大幅な縮小も可能でしょう。フォークリフトが年百万台超も生産されていることを考えると、ロボットの潜在市場は決して小さくないはずです。

加えて、ロボットの使用は物流センターの中に限られるものではありません。極端にいえば、「人が手でモノを運んでいる作業」を全て代替できるわけです。工場や店舗、ホテル、オフィスビルなどでの使用も多分に想定されます。自走式配達ロボットのスターシップ・ロボットのように、家まで荷物を届けてくれるようになるかもしれません。アタッチメントを付け替えることで、「昼間は料理のデリバリー、夜間はホテルでルームサービス」、「平日は工場で出荷作業、休日は店舗で巡回作業」、「真夏は清涼飲料、クリスマス前は玩具の物流センター」というように、繁閑に応じて使用場所を変えることも考えられます。つまり、より汎用的なロボットを開発し、様々な場所での使用を可能とすることができれば、量産効果をさらに高められるわけです。

では、現時点で、より汎用的なロボットの開発を目指すべきかというと、必ずしもそうとは限りません。用途を限定し、搭載機能を必要最小限にすれば、その分だけ開発・製造コストを圧縮できます。今はまだ普及しておらず、誰しもが使い方を知っているわけではないので、まずは特定の場所での使用を前提としたロボットを開発し、運用方法を確立すること、投資対効果を明確に示すことが重要との考え方もあるでしょう。
　棚搬送型ロボットは専用性が高く、工場や店舗でも使用されている協調型ロボットは相対的に汎用性が高いといえるかもしれません。どちらのアプローチを選ぶべきかは、ターゲット領域での潜在的な市場規模、次世代技術の展望、自社の保有リソースと差別優位性などへの見立てをもとに判断すべきです。

　昨今、自動車業界では、新たなビジネスキーワードとして「MaaS（Mobility as a Service／自動車などの移動手段を必要なときだけ料金を支払って使える仕組み）」が注目されています。カーシェアやライドシェアといったシェアリングサービスの急速な拡大もさることながら、きたる自動運転時代には、自動車を開発・製造することよりも、移動サービスを提供することの方に価値の源泉がシフトするといわれているからです。自動運転時代になれば、カーシェアの利用はタクシーに乗ることと同じになります。ドライバーを必要としなくなったタクシーの運賃は大幅に下落し、大多数の人々はマイカーを持つのではなく、自動運転タクシーを利用するようになるでしょう。そして、「移動したい人」に「移動手段」を提供するサービスは、めざましい成長を遂げるはずです。

図表 5-7　RaaS時代のロボットシェアリングビジネス

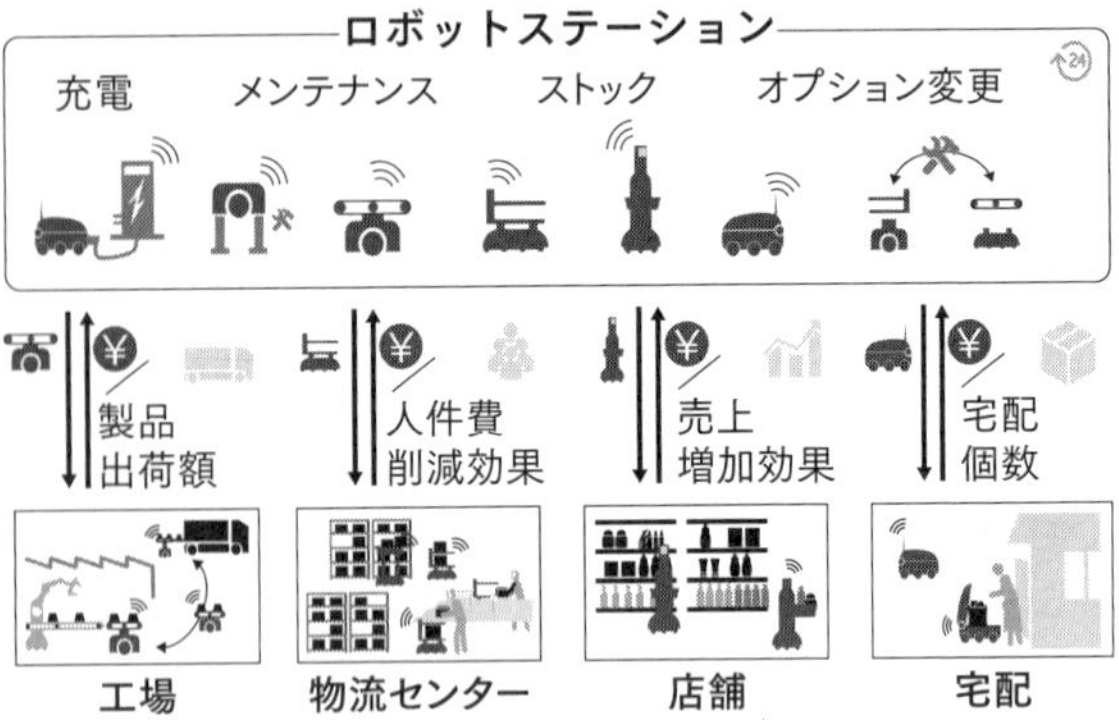

将来、汎用的なロボットが様々な場所で使用されるようになったとき、同じような変化が起きるのではないでしょうか。おそらく、「モノを運んで欲しい会社」に「ロボット」を提供するサービスが開始されるはずです。必要なときに、必要な台数を利用できるのだとすれば、ロボットは「買うもの」ではなく「利用するもの」になります。パートやアルバイトを活用することで、人件費を変動費化するのと同様の発想といえるでしょう。パートやアルバイトに歩合給が存在するのと同じように、宅配個数や売上増加効果といった成果に応じて費用を支払うような料金体系の構築も考えられます（図表5－7）。

要するに、量産化や汎用化の先には「ＲａａＳ(Robot as a Service)」があるわけです。様々な場所で使用されているロボットを通じて、その周辺情報を広く吸い上げることができれば、その場所でのオペレーションを効率化するだけではなく、在庫の配置や入出荷量の見直しといったサプライチェーン全体の最適化に資するソリューションを提供することも可能になるはずです。「ロボットの事業化を実現すること」を当面の戦略目標としつつも、「RaaS」の時代を見据えた未来のビジネスモデルを創造し、もって適切なタイミングで「コト売り」への転換を果たすことが肝要といえるでしょう。

ソフトウェアメーカーによる物流ビジネスの展開

物流の装置産業化は、ソフトウェアメーカーに対して2つのビジネスチャンスをもたらします。1つは、単純に、ソフトウェアを必要とする機会が増えるということです。今まで人手で対応していたプロセスが機械・システムに置き換わることになれば、相応の管理システムが必要となります。WMSやTMSといった物流管理システムの市場は着実に成長するでしょう。

もう1つは、ソフトウェアを核とした新たな物流ビジネスが創出されるということです。荷主・荷物と物流リソースをデジタルマッチングさせるビジネスはその代表例といえるでしょう。実際、ハコブやハコベル（ラクスル）といった物流ビジネスのバックグラウンドを有さないベンチャーがeマーケットプレイス形式での求貨求車マッチングに挑戦し、事業化を成し遂げています。世界有数のデジタルフォワーダーであるフレックスポートも物流ビジネスのバックグラウンドを持たないスタートアップです。あるいは、物流ビジネスのバックグラウンドを有さないからこそ、「物流会社の常識からすればあり得ないビジネスモデル」を創造できたのかもしれません。そうであるのなら、一般のソフトウェアメーカーにも少なからずビジネスチャンスがあるはずです。

物流管理システムは、物流に直接関係しない多様な機能・情報をも取り込むことで、進化を成し遂げてきたわけですが、その先にはデジタルマッチングとの一体化があると考えられます。荷主・荷物と物流リソースの現在情報、出荷や配車の計画だけではなく、交通情報や気象予報、資源・原材料の市場価格、地域別・チャネル別の販売実績、エンドユーザーの商品選好、輸出入関税、港湾・空港関係使用料などの変化もビッグデータとして取り込むことができれば、ロジスティクスの全てを真に最適化することが可能です（図表5－8）。

物流センターでの作業量は数時間前までに正確に予測され、かつ、適宜補正されるため、パートやアルバイト、ロボットを過不足なく確保できるようになります。出荷のタイミング

図表 5-8　全ての情報をつなぐことでの全体最適の実現

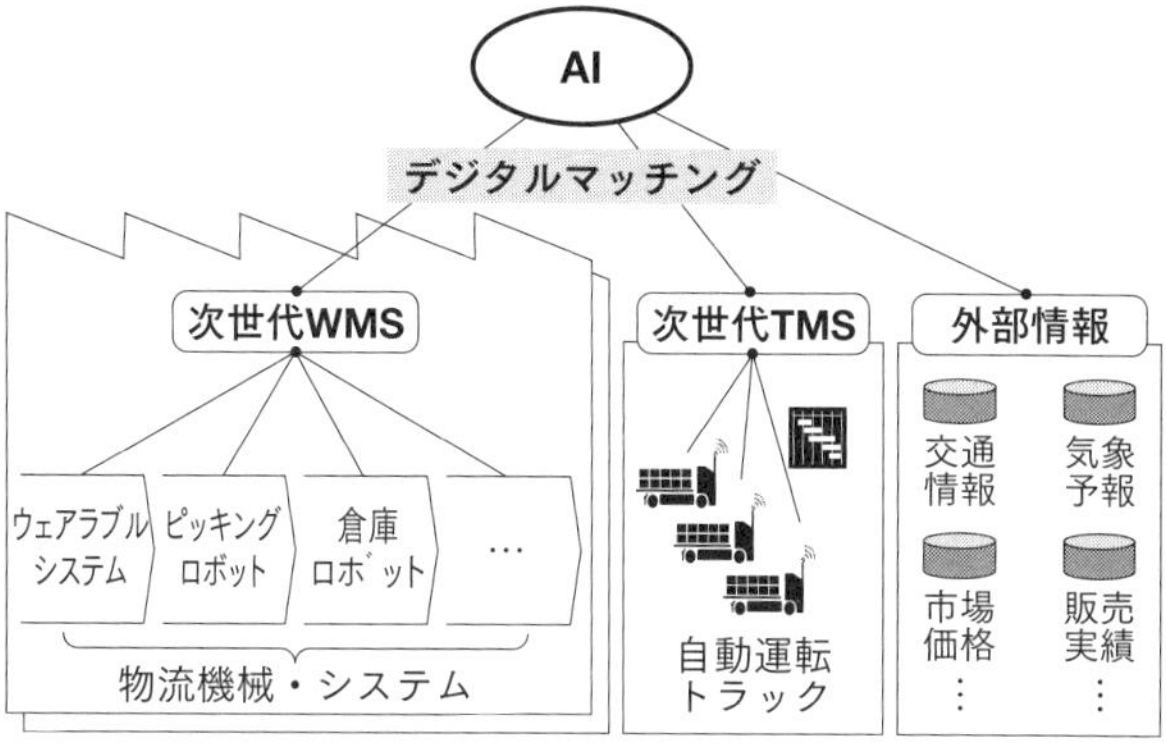

は的確にコントロールされており、トラックはその直前に到着するため、物流センターの近くにトラックの待機所を用意する必要はなくなるでしょう。納品先までのリードタイムも正確に予測され、トラックは予定通りの時間に荷物を届けられます。渋滞が予想される場合は、出荷のタイミングを前倒しにするという算段です。

港湾でのオペレーションもリアルタイムでトレースされるようになります。現在、東京港では、トレーラーがコンテナを引き取るために数時間もの待機を強いられており、周辺道路での渋滞の原因になるなどの問題を引き起こしていますが、あらかじめ引き取りの時間を指定されるようになれば、港湾付近での待機は不要になるはずです。トレーラーの現在地情報をトレースし、各車の到着タイミングに合わせてコンテナを並び替えておくことで、引き取りの作業時間を短くすることも考えられます。

資源・原材料の調達先は市場価格の変動に応じて自動的に見直されるようになるでしょう。商品の生産量や在庫量は、地域別・チャネル別の販売実績やエンドユーザーの商品選好をもとに補正されます。輸出入にあたっては、物流費だけではなく、関税や港湾・空港関係使用料なども加味して最適なルート、輸送手段が選ばれるようになります。

とどのつまり、全ての情報がつながり、最適化されるようになれば、荷主から見て完全にムダのないロジスティクスが出現します。荷主は、物流の管理に一切の工数を投じる必要がなくなるわけです。

それは、物流会社も同様です。保管・荷役や輸送のオペレーションが自動的に最適化されるわけです。パートやアルバイト、ロボット、トラックなどの投入量を必要最小限に抑制できます。つまり、物流ビジネスでの収益性を自動的に高めてくれるツールといえるでしょう。

さりながら、物流会社はこのシステムの出現を破壊的脅威と認識すべきです。なぜなら、このシステムが完成したとき、荷主は全ての物流管理をこのシステムに委ねる可能性があるからです。そうなれば、物流会社はシステムによってデジタルに選ばれるようになります。デジタルに評価可能な「規格化された物流サービス」のみを提供する存在に成り果てるかもしれないわけです。ＤＨＬは、それゆえ、物流を統合管理可能なロジスティクスマネジメントシステムを開発し、選ばれる側ではなく、選ぶ側に立とうとしているのでしょう。

ソフトウェアメーカーにとって、このシステムを作り上げることは、大いなるビジネスチャンスといえるはずです。物流の世界におけるウィンドウズになれるのです。シスコは、だからこそ、ＤＨＬとともに「Internet of Things in Logistics」を発表したのかもしれません。ソフトウェアメーカーとして、未来の新しいプラットフォームビジネスを創造するに相応しい領域といえるでしょう。

デベロッパーによる物流ビジネスの展開

物流施設のデベロッパー（物流不動産会社）は、その成り立ちからして、物流の世界に新たなビジネスを創造してきたといえます。「所有と利用の分離」という今までにはなかった概念を持ち込んだからです。

過去、物流施設は「所有者による運用」が一般的でした。所有と利用は一体化していたわけです。ゆえに、在庫の置き場を増やそうとするなら、自社で物流センターを建設するか、物流センターの所有者兼運用者である物流会社（倉庫業者）に在庫の管理を委託する必要があったわけです。

時を経て、自社の所有する物流センターの管理を物流会社に委託する荷主が増えてきました。つまり、オペレーションの分離は進んだわけです。しかしながら、荷主でも物流会社でもない第三者が物流センターを建設・所有することはありませんでした。そのため、複数の荷主・物流会社が入居することを想定したマルチテナント型の大型物流施設はほとんど存在しなかったわけです。

物流施設のデベロッパーは、この状況に風穴を開けました。日本では、2000年以降、プロロジス（ProLogis）をはじめとする外資系デベロッパーの参入を契機に、マルチテナント型の大型物流施設が急速に増加し、現在では新設される物流センターの過半を占めるに至っています。大和ハウス、三井不動産、オリックス、三菱商事といった、様々なバックグラウンドを有する日系企業も事業参入を果たしました。物流センターの床面積の広さは、オペレーションの効率性にある程度まで比例することを考えると、デベロッパーによる大型物流施設の開発は物流全体の効率化に寄与したといえるでしょう。

2005年には、国内第1号となる物流リート（物流施設を投資の対象とした不動産投資信託）が上場されました。以後、現在に至るまで複数の物流リートが組成されたことで、物流施設の開発に必要な資金を広く集められるようになったこともポイントといえます。「所有と利用の分離」だけではなく、不動産の証券化も成し遂げたわけです。

物流施設のデベロッパーにとって、次なるターゲットは「施設以外のリソース」になるでしょう。入居企業に対して、物流施設だけではなく、倉庫ロボットをはじめとする汎用的な物流機械・システムもレンタルやリースで提供するのです。行政の許可さえ得られれば、物流センターで働く作業員の人材派遣サービスを提供することもできます。入居企業が必要とするリソースを広く取り揃えることができれば、その分だけ収益機会を増やすことができるわけです。

もう1つの方向性として、物流センターの運用者に業態転換を果たすことが考えられます。賃料ではなく、作業料を得られるようになれば、収益の大幅な増加を見込めるからです。もちろん、デベロッパーは物流センターの運用に関する属人的ノウハウを有しません。したがって、物流会社と同じようなオペレーションを組み上げても、競争力を発揮することは困難です。今までにはない仕組みを構築してこその事業機会といえます。

その方法の1つは、受け入れる荷物の大きさや形状と、1日あたりの最大入出荷量を限定してしまうことです。そうなれば、今ある物流機械・システムであっても省人化を最大限追求できます。完全自動化を成せれば、属人的ノウハウを必要とせずに済みます。人を必要としないがゆえのコスト競争力も発揮できるでしょう。

デベロッパーとしての立地戦略も大転換を果たすことができます。現状、物流センターの立地は「物流センターで働く作業員を集めやすいこと」が要件となっています。入荷・検品・仕分・梱包・出荷といった作業の遂行には相当の人手を必要とするからです。特に日本では生産年齢人口の減少もあり、駅や住宅地からの距離の近さを考慮せざるを得ません。結果として、それなりの地代を要する場所となります。

作業員をほとんど必要としない物流センターであれば、港湾や空港からの距離の近さ、高速道路や主要幹線道路へのアクセスのしやすさといった「輸送の利便性」を最優先に用地を選定できます。「輸送の利便性は高いが人手を集めにくい場所」であれば、「地代を抑えることでの高収益」を実現できるはずです（図表5－9）。

図表 5-9　デベロッパーによる物流ビジネスの展開

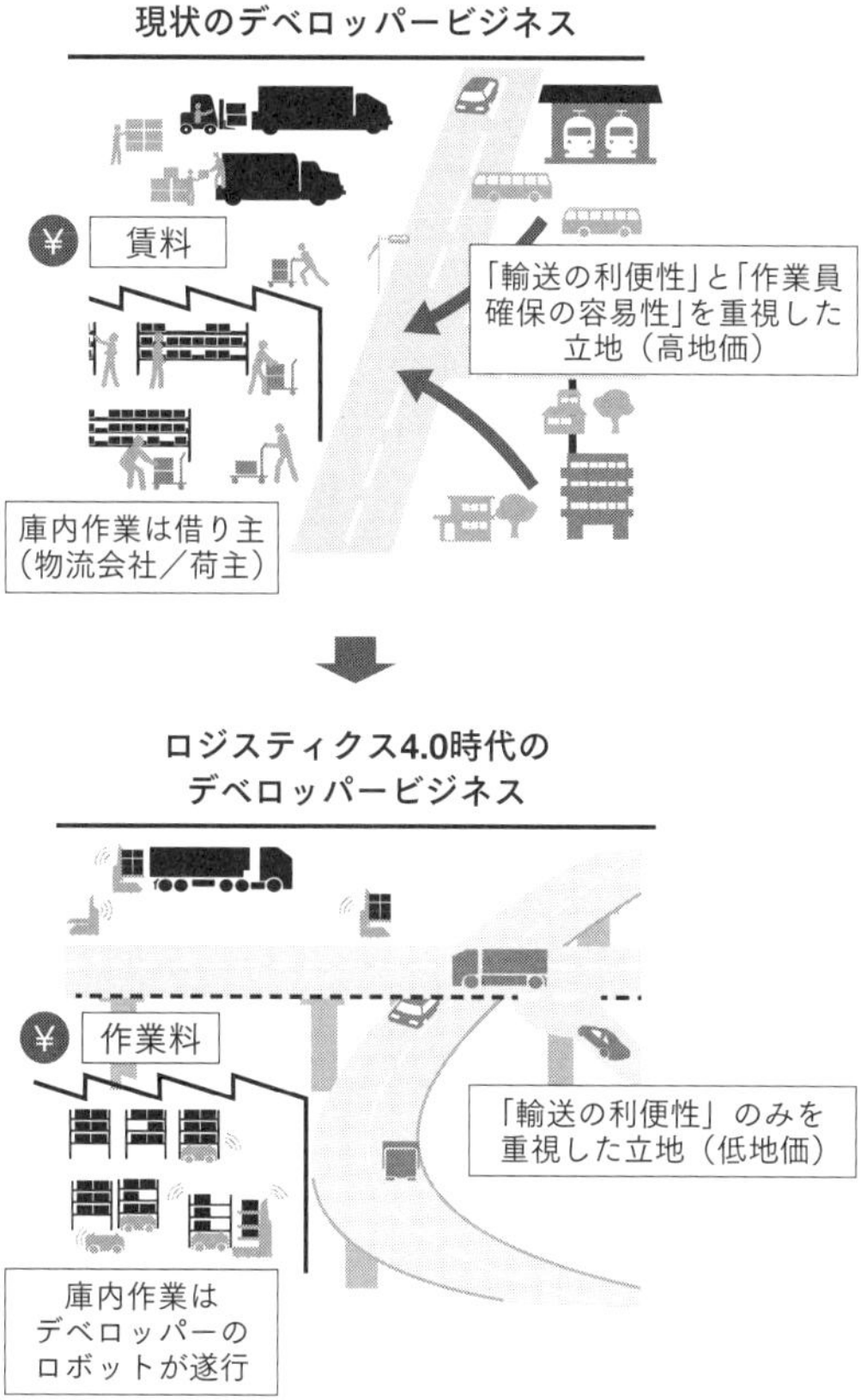

ところで、大手旅行代理店のＨＩＳは、ホテル経営を主とする事業者ではないのにもかかわらず、世界初のロボットホテル〝変なホテル〟を開設し、群を抜いた高収益を実現しました。その秘訣はロボットの活用にあります。変なホテルは、受付、案内、清掃、荷物の運搬といった作業をロボットに担わせることで、従業員の労働生産性を約4倍に高めることに成功したのです。

中には、ディスプレイを介したチェックインやチェックアウトを手間と思ったり、ホテルスタッフとの会話がないことを味気ないと感じたりする宿泊客もいるでしょう。でも、変なホテルは、マットレスの品質や通信環境などにはこだわっています。むしろ、そのことの方が大事だと考える宿泊客も少なくないはずです。実際、変なホテルに宿泊した人の90％近くは、「また利用したい」と回答しています。

変なホテルの「変」には、「変化し続ける」という意思が込められています。「目指すは、常識を超えた先にある、かつてない感動と快適性」と謳われています。誤解を恐れずにいえば、宿泊客の全てのニーズに対応するのではなく、必要な機能と提供すべき価値を取捨選択し、メリハリを効かせることで、今までのホテルにはない労働生産性と、全てではない宿泊客からの十二分の支持を得ることに成功したといえるのではないでしょうか。

デベロッパーが物流センターの運用者になることを目指すのであれば、変なホテルのような割り切りが必要です。そうでなければ、物流センターの運用に関して豊富な経験・実績を有する物流会社に勝てません。「物流会社の常識からすればあり得ないビジネスモデル」を創造してこそのビジネスチャンスです。

既存の事業者である物流会社は、未だに労働集約的かつ属人的なオペレーションで物流セン

COLUMN

AIで日本は勝てるのか？

2018年度、日本政府はAI関連予算に過去最大となる約770億円を計上しました。しかし、文部科学省の調査によれば、米国政府のAI関連予算額は約5000億円、中国政府の同予算額も約4500億円と、5倍以上の開きがあります。AIへの民間投資についても、日本が6000億円以上であるのに対して、中国も6000億円以上、アマゾンやグーグルを擁する米国は7兆円以上といわれています。

つまり、日本企業は、AIの開発に関して、米国や中国の企業と真正面から戦っても勝ち目は薄いわけです。であれば、特定の領域をターゲットに、「選択と集中」を図るべきではないでしょうか。

ロジスティクスは、その有力な候補領域となるはずです。AIは、ロジスティクス4.0の実現に向けたキーテクノロジーの1つです。日本の得意とするロボット技術と結びつけば、相応の競争力を得ることも十分に期待できるでしょう。

ターを運用しています。そして、その多くは、荷主である顧客からの依頼に広く対応できることを強みとしています。デベロッパーはこの常識を打破すべきです。人手には頼らないオペレーションと、特定のニーズへの対応を切り口に、新たなビジネスモデルを創造できれば、今までの物流センターにはなかった高収益を実現できるはずです。

第6章

未来のロジスティクス

ロジスティクスの世界は、今、まさに歴史的転換期を迎えつつあります。これから先の10年、その先の10年の間に、世界の仕組みは大きく変わるはずです。

１９００年と１９１３年のニューヨーク五番街を撮影した有名な写真があります。１９００年の写真には、数多くの馬車が写されていて、自動車は一台しかありません。それとは逆に、１９１３年の写真は、自動車で埋め尽くされていて、馬車は一台しか写っていません。１９０８年に発売された世界初の量産大衆車〝T型フォード〟が世界を一変させたといえるでしょう。ほんの数年で、馬車は「時代遅れ」となり、自動車に乗ることが「普通」になったのです。

今から20年前、携帯電話は最先端の通信機器でした。固定電話はあっても、「一家に一回線」が基本であり、誰かと話をするためには、誰かに取り次いでもらうことが「普通」だったわけです。今では、「一人に一台」が「普通」になり、電話を取り次いでもらうような機会は大きく減少しました。携帯電話なしに待ち合わせをすることさえ考えられない状況です。スマートフォンを持つようになった人は、電車に乗りながらメールを読み、買い物をし、動画を見たり、チャットを楽しんだりすることが「普通」になりました。電車の中で新聞紙やマンガ雑誌を広げることは、「時代遅れ」になってしまったといえるでしょう。

1900年（上）と1913年のニューヨーク五番街
（〈上〉写真提供：National Archive/Newsmakers／ゲッティ／共同通信イメージズ　〈下〉写真提供：Library of Congress Prints and Photographs Division Washington, D.C.／共同通信イメージズ）

GAFAは、20年の間に、このITの進化を見据えたビジネスモデルを他社に先んじて構築し、現在の支配的地位を確立することに成功しました。GAFAを構成する、グーグル、アップル、フェイスブック、アマゾンの4社は、今では世界屈指の時価総額を有するに至っています。

ロジスティクスの世界における今後の20年は、1990年代半ば以降のITの進化に比肩するはずです。20年後には、「トラックドライバーが運転免許を持っていないこと」、「ロボットが荷物を届けること」、「トラックや物流センターの稼働があまねくシェアされていること」が「普通」になっているかもしれません。その未来をいち早く創造できれば、ロジスティクスの世界におけるGAFAとなることも可能です。

そして、そのような未来が現実のものとなれば、人的リソースの不足はロジスティクスの足枷《あしかせ》にならなくなります。「経済の血脈」たるロジスティクスの再生は、日本経済の持続的成長に不可欠のイノベーションといえるでしょう。

1　ロジスティクスの価値

モノを運ぶことの価値

「ロジスティクス」という言葉は、元々は「兵站」を意味する軍事用語でした。現在は、「物流」と訳すことも増えましたが、その本質的意味に変わりはありません。「必要なモノを管理し、必要な場所に輸送すること」が「ロジスティクス」の本来の役割といえます。

では、3PL事業者に物流業務の全てを委託するということは、「必要なモノを必要な場所にきちんと運んでくれればよい」という契約になっているかというと、必ずしもそうではありません。荷物の保管場所や方法、入出荷のプロセス、トラックの使用台数や積載方法などを事前に確認し、必要に応じて契約書に記しておくことが一般的です。3PL事業者に支払う費用も、各荷物の保管期間や入出荷量、納品先までの輸送距離などの積み上げで請求されます。要は、請け負う作業を明確にし、その作業量に応じて費用を支払っているわけで、請求額への納得感は高いはずです。何らかの問題が発生したときに、その原因を追及することも容易でしょう。

翻って、宅配便を利用するとき、荷物の積替場所や方法、集荷・配荷のプロセス、トラックの使用台数や積載方法などを確認することはありません。荷物の大きさと着地までの距離などに準じた費用の請求を受けるだけで、それ以上の明細は付されていません。とはいえ、大多数の荷主からすれば、指定された場所に、指定の時間通りに荷物が届けば問題ないわけです。宅配事業者は、「必要なモノを必要な場所にきちんと運んでくれればよい」というニーズに過不足なく応えているといえます。

実のところ、物流をコアコンピタンスとしない荷主であれば、本当は、指定された場所に、指定の時間通りにモノが届けばよいのではないでしょうか。どのような場所に保管されていようと、どのようなトラックで運ばれていようと、モノの管理が適切であるのなら支障はないはずです。物流業務の詳細を把握することも、明細を確認することも、それなりの管理工数を必要とします。納品先の所在地、出荷指示を出してから納品までのリードタイム、最大出荷量、保管方法などの諸条件のみを設定し、実際の運用は、宅配事業者に荷物を委ねるが如く、3PL事業者に全てを任せても問題ないはずです。

3PL事業者をはじめとする物流会社にしても、宅配事業者のようなサービススキームを構築すれば、収益を最大化するための様々な工夫を講じやすくなります。例えば、荷主ごとに保管場所を設定するのではなく、荷物の大きさや保管方法などに応じて配置を集約することも可能になります。納品先の所在地別に共同配送を行うことも容易になるでしょう。自由度が高まれば高まるほど、多様な荷主の荷物を取り扱っている物流会社ゆえの効率化を追求できるわけです。

未来のロジスティクスは、ほとんど全ての物流サービスが宅配便のようにプラットフォーム化されるはずです。荷主と物流会社の契約は、「必要なモノを必要な場所にきちんと運んでくれればよい」という内容に変わります。物流をコアコンピタンスとしない荷主は、物流管理という本来自社で対応する必要のない業務から解放されるでしょう。物流会社は、輸送や保管・荷役といった作業を請け負うのではなく、「モノを運ぶことの価値」を提供する存在に進化するはずです。

モノとともに運べる価値

大多数のモノは、調達・生産から小売・消費までのサプライチェーンのプロセスに準じて運ばれます。工場から物流センター、店舗などに運ばれるモノの方が、その反対のプロセスを経るモノよりも圧倒的に多いわけです。その点からして、「モノを運ぶことはサプライチェーンを支えることにつながる」といってもよいはずです。

他方、物流会社はモノを運ぶプロセスを通じて種々の情報を入手します。商品を配送する過程で、納品先である物流センターの在庫状況や店舗での販売動向を知ることもあるでしょう。宅配ドライバーであれば、配達先の家族構成や在宅時間、ＥＣの利用頻度などを経験的に把握しています。これらの情報をデジタル化・匿名化し、サプライチェーンの上流に位置するメーカーやサプライヤーに提供すれば、生産量や出荷量の適正化、広告・販促の効率化などに活かせます。

つまり、ロジスティクスはモノだけではなく、情報をも運ぶことで、より大きな価値を発揮できるようになります。情報は主に下流から上流に運ばれるわけで、未来のロジスティクスは、「サプライチェーンだけではなく、デマンドチェーンをも支える存在になる」といえるでしょう。

モノを運ぶ過程で提供できる価値

トラックやロボットといった物流機械、ＴＭＳやＷＭＳをはじめとする物流管理システムは、モノや情報を運ぶこと以外の価値を提供することも可能です。例えば、自動運転トラックの実用化に向けて車載カメラやセンサーの搭載が進むとすれば、そのデータを交通の安全や地域の防犯に役立てることも可能でしょう。宅配ロボットが荷物を運ぶだけではなく、子供の送り迎えや道路の清掃なども行うようになるかもしれません。物流センターや工場、店舗、ホテル、オフィスビルなどで一台の汎用ロボットをシェアし、パートやアルバイトのような感覚で「短期雇用」することも考えられます。

あるいは、クラウド型物流管理システムの利用がなお一層拡大し、配車計画や出荷計画が前日までにデータ化されるようになれば、より正確に渋滞を予測できるようになります。配車計画や出荷計画といった未来の情報をベースに、将来をシミュレーションできるようになるからです。渋滞を原因とする遅配や非効率も大幅に解消されるはずです。そのデータはトラックだけではなく、一般の乗用車やバスの運行にも利用されるでしょう。

物流機械・システムの進化と、活用の拡大を実現するためには、相当の投資を必要とします。しかし、モノや情報を運ぶこと以外の価値を発揮できるのであれば、投資対効果を得られやすくなります。未来のロジスティクスは、モノや情報だけではない、「社会に快適を運ぶ存在」となることで、インフラとしての価値を高めるはずです。

2　日本ならではのロジスティクス

地域による差異

自動車や家電のように、機能や性能で優劣が評価される「文明商品」は、グローバルでの事業展開が比較的容易です。反対に、食品や化粧品のように、主観的な好みで選ばれる「文化商品」は、その国の文化やライフスタイルに適応することが重要となります。

通常、サービス業は「文化商品」に含まれます。物流サービスも例外ではなく、「文化商品」的側面が強いといえるでしょう。その国の物流品質に対する考え方や輸送環境などに適応することが求められるからです。実際、DHLやUPSといった世界的な物流会社でさえ、現地のローカル物流は委託先に任せたり、現地の会社を買収したりして、自社のネットワークに組み込むことが一般的です。

加えて、日本の物流会社は海外展開が得意とはいえません。海外売上高が全社収益の50%を超える物流会社は、近鉄エクスプレスや郵船ロジスティクスといった大手のフォワーダーに限られます。あまつさえ、海外売上高といっても、日系企業の現地法人からの受注を主とする物流会社が少なくありません。結局のところ、日本の物流会社の多くは、日系企業を相手に仕事をしているのです。

物流の装置産業化は、この状況に多少の変化をもたらすはずです。属人的なノウハウや属社的な仕組みに依存しないプラットフォームサービスを構築できれば、今までよりも海外展開しやすくなるからです。海外事業の強化にあたっては、日本の物流ビジネスならではの特長である物流品質や対応力を武器に、競争優位の構築を図ることが定石といえるでしょう。

日本ならではの特長①——物流品質

日本の会社は、マキシマイゼーション（最大化）やミニマイゼーション（最小化）を実現しようとする意識が総じて高いです。例えば、生産性や効率性はとにかく高めようとします。誤出荷や欠品であれば限りなくゼロにしようとします。その結果として、世界屈指の物流品質を実現していますが、管理コストは割高になります。

欧米の物流会社は、概してオプティマイゼーション（最適化）を重視します。利益を増やすことに結びつかないレベルでの効率・品質の追求は行いません。それゆえ、収益性は高くなりますが、オペレーションでのイノベーションはあまり生まれません。

もちろん、どちらか一方が正しいわけではありませんが、日本の会社であれば、その品質の高さを売りにできる領域をターゲットにすべきでしょう。高度な温度管理を必要とする医薬品や冷凍・冷蔵食品のように、物流品質の高低が商品価値に影響を与えるような業界・業種が有望といえます。

日本ならではの特長②――対応力

日本の物流会社の多くは、個別対応を得意としています。契約外の依頼にも可能な限り対応しようとします。業務を極力定型化し、例外対応を原則受け入れないことで、コスト競争力を高めようとする欧米の物流会社とは、大きく異なるスタンスといえるでしょう。

このような差異が生まれた原因は2つあります。1つは、日本の荷主が個別対応を要望するからです。現場での柔軟な対応を重視するがために、費用に大きな差がなければ、融通が利く物流会社を選びます。荷主のニーズに応えようとするならば、対応力を高めることが必須となるわけです。

もう1つの原因として、現場力の差があげられます。日本であれば、マニュアルにない指示や現場での裁量を必要とする業務であっても、相応の対処を得ることが期待できます。マニュアル通りのオペレーションを前提とせざるを得ない欧米とは、その素地に違いがあるわけです。

この対応力の差は、倉庫ロボットの導入にもギャップを生んでいます。現場力の低さゆえに、業務の定型化が進んでいた欧米は、日本よりも5年程度先行して倉庫ロボットの活用が進んでいます。棚搬送型ロボットのように、作業の主体を人から置き換えるようなロボットの導入に適しているわけです。

対して、日本のように、現場力が高く、業務の定型化が進んでいない国には、協調型ロボットの導入が適しています。人と協調することで、生産性を高め合うことも期待できます。物流市場の成熟度を踏まえるに、既存の倉庫設備を使用可能なところも優位点といえるでしょう。

この特質を強みに海外展開を目指すのであれば、協調型ロボットを核としたオペレーションプラットフォームを構築することが考えられます。あるべきオペレーションが確立されていない新興国、個体管理を必要とするがゆえにオペレーションの定型化に限界がある特注品や中古品は、有力なターゲットになるかもしれません。

3 未来に一歩踏み出すためのマインドセット

短期での投資回収を前提としないこと

昨今、ロジスティクス4・0に向けた取り組みを進めようとする企業が増えています。ロジスティクス4・0を題目としたセミナーも増えました。先進的な物流機械・システムに触れることのできる物流展示会には、数多くの来場者が訪れています。ロジスティクス4・0への関心は顕著に高まっているといえるでしょう。

しかし、実際に最先端の物流機械・システムを導入した企業は一部に限られます。倉庫ロボットやドローンの活用を決定しただけで、業界紙の記事になるレベルです。大多数の企業は、関心はあったとしても、投資には値しないと判断したわけです。

本当のところ、倉庫ロボットやドローンを導入して、その投資に見合うだけの効果を得られないこともあります。パレタイザ、デパレタイザ、ピッキングロボットなども同様です。「最先端の機械・システムを導入しさえすれば、生産性や効率性が飛躍的に向上する」と考えているとすれば、それは幻想だと認識すべきでしょう。最先端であればあるほど、導入実績は少なく、運用方法は確立されておらず、性能も不安定です。「確実に投資対効果を得られる機械・システム」ではないからこそ、まだ一部でしか使われていないのです。

とはいえ、機械・システムを導入すれば、その対象となるオペレーションプロセスの定型化が進みます。機械・システムの導入・運用に関する経験も積めます。最初に導入した機械・システムは期待通りの成果をもたらさなかったとしても、次なる投資に向けた基盤を構築できるわけです。ロジスティクス4・0に向けた取り組みを先駆的に進めようとするのなら、短期での投資回収を前提にするのではなく、将来の投資をも見据えた中長期の視点から意思決定を下すことが肝要といえるでしょう。

波及的価値を評価すること

ロジスティクス4・0は、IoT、AI、ロボティクスといった次世代のデジタル技術に支えられています。属人的なノウハウや属社的な仕組みを基盤としたアナログ的なオペレーションからデジタルへの転換が進むわけです。その変化の核心は、情報を「コピーできるようになること」と「蓄積できるようになること」にあります。

例えば、ある物流センターに10台のロボットを導入するとします。ロボット本体の購入のみならず、オペレーションの設計やシステムのカスタマイズなども必要となるため、投資回収には5年を要するとします。導入実績の少なさゆえに実際の耐用年数が不透明であることを考えると、資金に余裕のある会社でない限り、投資の実行を意思決定するには長すぎる回収期間といえるでしょう。

しかし、その会社が複数の物流センターを展開していて、次の物流センターに導入する際には、オペレーションの設計やシステムのカスタマイズなどに関する費用が不要となり、投資回収期間が半分になるとすれば、どうでしょうか。複数の物流センターに導入すれば、運用効率

COLUMN

誰がロジスティクスの未来を担うのか？

GAFA を構成する 4 社のうち、グーグル、フェイスブック、アマゾンの 3 社は、いずれも 1990 年代半ば以降に設立されました。イーベイ（eBay）、ツイッター（Twitter）、アリババ、京東商城、楽天といった IT 企業も同様です。IT の進化を見据えたビジネスモデルを先駆的に構築し、わずか 20 年の間に、誰しもがその名を知る存在にまで成長を遂げたわけです。

ロジスティクス 4.0 は、かつての IT と同等の変化をもたらします。今はまだ無名のベンチャーが 20 年後には GAFA を超える存在になっているかもしれません。物流の世界にはなかったビジネスを創造したプレイヤーこそが、ロジスティクスの未来を担うはずです。

を高めるために必要なデータを早期に蓄積できるので、投資回収期間がさらに短縮されるとすれば、どうでしょうか。一度ロボットを導入すれば、そのデータを引き継げるので、後継機の導入に要するコストが半額になるとすれば、どうでしょうか。

デジタル技術を核とする機械・システムは、トラックやフォークリフトなどと違って、運用の規模が大きくなればなるほど、データの蓄積が進めば進むほど、投資対効果が加速度的に大きくなります。それは、機械・システムを導入する企業だけではなく、開発する企業にも当てはまります。機械・システムへの戦略的な投資を基盤に先行優位を築こうとするなら、その波及的価値を適切に評価することが枢要といえるでしょう。

意思を持って判断すること

ＩｏＴ、ＡＩ、ロボティクスといった次世代のテクノロジーは、日進月歩で進化していきます。3年後には、今よりも倍以上高性能な機械・システムが半額以下で売られているかもしれません。では、3年後に投資を先送りすべきでしょうか。そのように考える人は、いつまでたっても「未来への一歩」を踏み出せないでしょう。なぜなら、3年後になっても、そのさらに3年後には、よりよい機械・システムが販売されているに違いないと考えてしまうからです。

結局のところ、将来のイノベーションを正確に予測することは不可能です。リスクを最小化しようとするのなら、誰かの後追いしかできません。未来を「想像」するのではなく、自らが「創造」しようと考える人でなければ、ロジスティクス4・0の世界を切り開くことはできないのです。「意思を持って判断することの力量」が問われているといえるでしょう。

あとがき

今から5年ほど前、ドイツの同僚と話をしたとき、日本の宅配事業者の収益構造が話題になりました。いわく、「なぜヤマト運輸は値上げをしないのか」と。

当時、ヤマト運輸は既に50%近くのシェアを有しており、利便性や物流品質の高さも含めて宅配業界随一の存在でありながら、その送料は他社と同水準でした。おそらく、多少の値上げをしたところで、顧客の離反を招かないはずです。ドイツ人の感覚からすれば、利益率の高さも特筆すべきレベルではありません。そういう状況でありながら、20年以上値上げをせず、利益を増やそうとしないヤマト運輸の経営陣は、本来あるべき意思決定を下せていないとの認識でした。

ドイツの同僚には、もう1つの疑問がありました。いわく、「なぜ無料で再配達するのか」と。

宅配の送料は基本的に発荷主が支払います。対して、再配達を得られることのメリットは着荷主が享受します。つまり、発荷主は直接的なメリットのない再配達サービスのコストを負担させられているわけです。ドイツ人的発想からすれば、無料での再配達をやめて、その分を発荷主に還元すべきとなります。経済合理的に考えれば、その通りなのでしょう。

ただ、このグローバルスタンダードからは外れているかもしれない意思決定があったからこそ、我々日本人は、世界一便利で、品質の高い宅配サービスを、手頃な価格で利用できていたわけです。物流を「経済の血脈」とするなら、その顧客第一主義の姿勢が日本経済の成長を支えてきたといっても過言ではないはずです。

日本は、様々な領域で「ガラパゴス的」と揶揄されています。ロジスティクスもその「ガラパゴス的領域」の1つなのかもしれません。

とはいえ、この「ガラパゴス的ロジスティクス」は諸外国の物流サービスよりも明らかに便利で、壊れたり、届かなかったりする心配がほとんどありません。であれば、この「ガラパゴス的ロジスティクス」を世界のスタンダードにできないでしょうか。ロジスティクス4・0による物流の装置産業化は、その千載一遇の好機をもたらすはずです。日本発のロジスティクスプラットフォームがグローバルスタンダードになったとき、それはもはや「ガラパゴス」ではありません。

本書を読んでいただいた皆様とともに、そんな未来を創造できればと考えています。

著者略歴

小野塚 征志（おのづか・まさし）

ローランド・ベルガー　プリンシパル

慶應義塾大学大学院政策・メディア研究科修了後、富士総合研究所、みずほ情報総研を経て、2007年に欧州系戦略コンサルティングファームのローランド・ベルガーに参画。2015年より現職。ロジスティクス／サプライチェーン分野を中心に、長期ビジョン、経営計画、成長戦略、新規事業開発、M&A戦略、事業再構築、構造改革等をはじめとする多様なコンサルティングサービスを展開。

日経文庫 1406

ロジスティクス 4.0

——物流の創造的革新

2019年3月15日　1版1刷

著者　小野塚 征志

発行者　金子 豊

発行所　日本経済新聞出版社

https://www.nikkeibook.com/

〒100-8066　東京都千代田区大手町1-3-7

電話：03-3270-0251（代）

装幀　next door design

組版　マーリンクレイン

印刷・製本　三松堂

ISBN978-4-532-11406-0

Printed in Japan